# 愛と感謝

SAKURA Ami
桜 亜美

文芸社

# まえがき

皆さんは、魂について考えたことはありますか?
魂という言葉は知っていると思いますが、
ご自身の魂について考えたことのある方は、どれくらいいるのでしょうか。
肉体がある者には、魂があり、心があり、肉体があります。
この3つがうまく循環していないと不具合が起きます。
気持ちがざわついたり、肉体が不調になったり。
でも、これらは全て魂からの深い愛のメッセージです。
サインです。
肉体を持ち今を生きている自分自身へのメッセージです。
そういうサインは、直感や、違和感。
根拠のない自信や、根拠のない不安としても現れます。

自分自身への学びがないことは経験しません。

例えば道でガムを踏むこと一つにしろ、電車でいつもなら席が空いていないのに座れたにしろ、それらを〝たまたま今日はついてないなぁ〟とか〝ラッキーだったな〟で済ませるのではなく、どんなに些細であっても全てなんらかのサインであると、心のどこかにとどめておいていただけたら幸いです。

もくじ

まえがき　3
「ギフト」を持って生まれた私　9
5歳の時、受け取ったメッセージ　16
人は変わります　20
「100日後に死ぬ」　22
他人と比べること、愛に条件はいらない　24
「ありがとう」は奇跡を生む　29
自分と向き合って、自分を知るということ　36
場所のエネルギー　45
わかってもらおうと思うこと　49
豊かに幸せに、自分自身を生きる　54
3世帯同居　64

たくさんの不思議　1　68
出会い、別れ、病気。全ての経験は学びです　78
不動明王　101
脱皮と幽体離脱　102
脱皮波動テスト　107
自分に必要なシンボル、メッセージを意識すること　112
たくさんの不思議　2　117
私は私を生きると決めました　119
3回目の結婚　夫婦で最強のエネルギーになる　120
人生は愛と感謝です　134
あとがき　141

# 愛と感謝

# 「ギフト」を持って生まれた私

私は、生まれてくる前、魂のみの時にいた空間を覚えています。

まるで、昨日のことのように覚えています。

魂のみの私はシルバーの、白金のような空間にいました。

そこは愛のみの空間です。

私が居る場所から上を見ても下を見ても、美しく輝く丸い物が無数にありました。

それらも全て愛です。

そして私は、自分がこの世に生まれてくることを決めました。

次にしたのは、母を決めることでした。

私は、愛が豊かな人にしたいと強く思いました。

そして母を決めました。

いよいよこの世に行こうかなと思った時、私の前に見たこともない美しくキラキラ輝く強く光る物を差し出されました。

そして、「これは世界で一人しか持てないギフトだ」と言われました。

それを私に託すと、「だけどこれを持って行く覚悟があるか？」と問われました。私は何も一切深く考えずに、ただ目の前にある美しい物に目を奪われて、〝私にいただけるんですか？　嬉しい〟という感覚で受け取りました。

このギフトは世界で一人しか持てない。

今現在、まだ生まれていない私が魂としている。

ということは、今はまだ、世界のどこかで生きている誰かがこのギフトを持っていて、その方が肉体を脱がれた瞬間に私がこの世に生まれるという意味です。

そして私が誕生し、私が肉体を脱ぐ時には世界のどこかでまた、このギフトを持った方が生まれるのです。

もちろん、受け取った私はそんな深いことは1ミリたりとも考えませんでした。

そして、母のお腹にいる時に、私は栄養的な物をまるでストローのような物を通して摂取していました。

塩梅を自分でつけていたんです。

ストローでジュースを飲む時、ストローの先を舌先でふさいだら途中でジュースが止まりますよね。あの感覚です。

あまり大きくなりすぎたら、母が私を産む時に大変だとわかっていたんです。そして母が嬉しい時は私も嬉しい。母が好きな人は私も好き。母が嫌いな人は私にとってもすでに嫌いな人になっていました。


そして私はこの世に生まれました。

２４００グラムでした。

母曰く、「ところてんのようにつるんと出てきたよ。すぐだった」と。

私自身もつるんと出た感覚でした。

生まれた瞬間、ストップウォッチのような秒針の音が聞こえました。

母のお腹の中でキラキラと美しく光り輝いていたあのギフトは、黒く重たい岩のようになっていました。

あの時聞こえた秒針の音は、その瞬間から私自身が決めた寿命へのスタートをきった合図でした。そして、美しく光り輝いていたギフトは、この世では地獄のような苦しい能力であることがわかりました。

私をキャッチしてくださった女性の方は、私を見た瞬間、母に「可愛い女の子ですよ」と言っていましたが、内側では〝お兄ちゃんは可愛かったのに妹は不細工だなぁ〟と思っていて、私には母に伝えている実際の言葉と同時に副音声のように内側の声が聞こえました。

そこで全てを察しました。このギフトを受け取った私には、これから苦しく辛い人生が始まることを。

不思議ですよね。医学的に考えたら、生まれた瞬間に耳が聞こえるわけないし、目で見ることもできません。だって目がまだ開いていないんですから。

私は自分の内側で聞き、視《み》ていたんです（寝ている時に夢に見ていた映像が出てくる感じ）。

そして、このギフトには愛と感謝という意味がありました。

愛と感謝とは、魂が望み、知りたいこと、経験したいこと、感じたいことです。

私をはじめとする全ての人は、そもそも愛のみの空間にいました。愛のみだと愛じゃないことがわからないんです。

全て反対の事象があるからこそ、わかること。

明るい部屋に閉じこもっていたら暗闇がわかりません。

逆に真っ暗な部屋にずっといたら光がわかりません。

それと同じです。

では、何故愛のみの空間からわざわざ辛く苦しいことも多いこの世に生まれてくるのか。

それは魂を磨くためです。

様々な経験をして、愛に触れ、感謝に触れ、魂は磨かれます。

そのために生まれてきます。

だから、自分の魂を磨くために必要な経験しかできないし、必要なご縁しか繋がらないのです。

私は、オーラというものは視えません。

ですが、波動、エネルギーは視えます。わかります。

生きているもの、無機質な物質、空間、場所。この世にあるもの全てに波動があり、エネルギーがあります。

この波動は私には心電図のように視えます。

縦に渦巻いていたり、左右に波打っていたり、そのものによって形や大きさはもちろん様々です。

そして、私の想像を遥かに超える苦しい人生が始まりました。

このギフトという能力があるが故の苦しみです。

この世で一人しか持てないこのギフトが、長い時間、私に深い孤独を味わわせました。

この世で一人しか持てない。

様々な能力をお持ちの方は大勢いらっしゃいますが、私と全く同じものを、視て、感じて、聞こえる方は一人もいません。

本当の意味での共感ができる人は一人もいません。

どれだけ私が、あなたの魂はこうだと伝えても、この波動はこうだと伝えても、同じ視え方ではないのです。

これは本当に辛く苦しく孤独なことでした。


私には兄がいます。

赤ちゃんの私は、オムツがパンパンになって気持ち悪くても、お腹がすいても、泣いて知らせるタイミングを見計らっていました。

母が忙しくしていたり、母が兄の世話をしていたら、我慢しました。

その頃の私は、肉体は赤ちゃんでも頭の中や内側は今と変わりません。「子供のような無邪気さ」などと言いますが、私にはそんな時間は1秒たりともありませんでした。言い換えると、可愛げのない赤ちゃんであり、子供でした。

ある日、私がまだベビーベッドに寝ている時、母が父に体調が悪いことを伝えていました。今思えば頭痛だったと思います。

その時、私の内側から言い表しようのない愛が湧き出ました。するると私の皮膚の下、肉体の内側が光りはじめ、その光が体全体に行き渡り、皮膚を通り越して肉体全てが光り輝きました。そして私の左手が猛烈にエネルギーを溜め、私はそれを視て感じて、〝いける〟と思いました。

私の肉体が光りまくっているのは父母や兄には見えていないのがわかりました。

そして私はベビーベッドの囲いの隙間から左手を母の方に向けて出して、私の左手にある愛のみの強いエネルギーを母に送るように意識しました。左手がビリビリとして痛かったのを覚えています。

数分が経った頃、母が父に体調が良くなったと伝えていました。

この瞬間、私は確信しました。

私の中にある愛が湧き出したら、愛のみの強いエネルギーが体内に溜まり、私の左手を通して伝わることを。

そしてその結果、愛する相手の具合が良くなることを知りました。

同時に、自分の中に恐ろしいほど強い愛が湧き出ることを知りました。

あまりに強過ぎるため、自分でも恐怖を感じるほどでした。

## 5歳の時、受け取ったメッセージ

私は5歳になり、幼稚園に行くようになりました。

そこで先生や同い年の子供達、その親達を視た時、愕然としました。

何故ならあまりに愛も感謝もないから。ないというか忘れているから。

何故このような方達が先生と呼ばれるのか、何故親になるのか、私には理解できませんでした。

しかし、現実はそこにあります。

そして同い年の子供達を視て、彼らの無邪気さ、ありのままの姿、感情が、ただただ羨ましかったのです。

でも、その無邪気さは時に刃物のように人を傷つけることも知りました。

私が初めて言葉に乗る波動や想い、まさに〝言霊〟を実感した瞬間だったのかもしれません。

私の祖父母はいわゆる強烈な霊能者でした。

私が生まれた時はまだ同居ではなく、隣の家に住んでいましたが、当たり前のように毎日会っていました。

祖父母が私のどこまでを見抜いていたのかはわかりませんが、赤ちゃんの私を膝に抱きながら二人で、「亜美は怖い」とよく話していました。少なくとも赤ちゃんの私がそれを聞き意味を理解できることまでは、見抜いていなかったのは確かです。

私は自分が将来3回結婚することがわかりました。

肉体的にはまだ5歳の私は自分に問いかけました。〝私は将来何をやっているんだ？何故3回も結婚するんだ？〟と。すると答えが返ってきました。〝2回の結婚を通して私が学び経験することは無数にある。そして3回目の結婚でやっと添い遂げる。やっと本当に欲しいものが手に入る〟と。私は何となく納得しました。

人は自分に必要な経験しかしないから。

私が3回目の結婚で出会う方は、私がずっと待ちわびた方なんだろうなと感じました。

そしてもう一つ強いメッセージが来ました。

〝私が持って生まれたこのギフトのこと、愛と感謝のこと、経験したこと、感じたこと。全てを紙の本にして出す〟と。

今は電子書籍もありますが、はっきりと〝紙の本〟と来ました。

映像も浮かびました。私が大勢の方の前で話している映像です。講演会をしていました。

当時、一気に色々なメッセージが来て混乱したのを覚えています。

今こうして書かせていただいている私は、アラフィフと呼ばれる年齢です。

2カ月前に3回目の結婚をした私が、この文章を書かせていただいています。〝やっと……この時が来た〟というのが今の私の素直な感想です。

そして今まで私に関わってくださった全ての人に、出来事に、何もかもに、本当に豊かで愛しくて深い深い感謝が湧き出て溢れています。

幼稚園に通うようになった私にはお友達がたくさんできました。

当時私は2階建ての長家に住んでいました。お風呂がありませんでした。

あるお友達に、言われました。「お母さんが亜美ちゃんとは遊んだらだめって言うの。ごめんね、亜美ちゃん」と。

私は聞きました。「何でだろう」って。

すると友人は言いました。「あんなボロ家に住んでるなんて、ろくな子じゃないからだめなんだって」と。

私は傷つくと同時に人の愚かさと現実を目の当たりにしました。

けれども親を憎む気持ちにはならなかったのです。

母がいつもとても頑張って始末をして、やりくりをしているのを見ていたからです。美容院代がもったいないから自分で髪を切り、なりふり構わずに一生懸命でした。父は公務員でした。公務員は若い時は給料が安いということを随分経ってから知りました。

私はそのお友達の母親がそんなふうに言っていたことは誰にも言いませんでした。母に言ったらもちろん悲しむことがわかっていたからです。

私はお友達にその言葉を投げられた時、不思議でした。

〝この子は何故私が傷つく言葉を言うんだろう〟

答えはすぐにわかりました。無邪気だから。ありのままを伝えているだけ。やっぱり言葉の威力は凄いと感じ、無邪気さが怖いと思いました。

数年後、その子の母親に「亜美ちゃんのお父さんは何の仕事をしてるの?」と聞かれたので、「公務員です」と伝えました。すると「公務員にも、色々な種類があるけど何?」と聞かれました。私は答えました。その瞬間彼女の態度が一変したのです。

〝人って何だろう〟と心底不思議に感じました。

# 人は変わります

私は小学生になりました。

入学式の日、クラスと担任の先生が決まっていました。幼稚園でのお友達とは同じクラスではありませんでした。

入学式が終わり、教室で先生の話を聞いていると、先生の魂が視えてきました。本当に徳というものが低く〝自分で自分が嫌だ〟という感覚がわかりました。〝先生と呼ばれることに満足して、本当に欲しいものは一切手に入れていない。そのことがわかっているのに気付かないふりをしている。さらに先生という立場を利用して憂さ晴らしをしている〟と。私は2年間この先生のもとで日々を過ごすことに恐怖を感じました。

でも先生の魂は、〝私が視えている一部でも先生本人に伝えること〟を強く要望してきました。

入学式当日、私は帰る直前に先生に、「先生は徳が低いですね」と伝えました。他の人の前で言ったわけではありません。そこは私なりに配慮しました。でも先生にその日から2年間いじめられたのは言うまでもないですよね。

今更ながら、〝よくそんなこと言ったな〟と思います。

私が19歳の時に同窓会がありました。この先生には良いイメージ、記憶はありません。もちろん私は行きませんでした。すると電話がかかってきました。当時の先生の波動とは全く違う波動でした。「亜美ちゃんたくさんごめんなさいね。先生はずっと亜美ちゃんのことは覚えてるよ。会いたかったなぁ。ごめんね」と電話の向こうから弱々しい波動の、先生の言葉。その言葉に嘘偽りはありませんでした。

人は変わります。他者を変えることはできませんが、様々な出来事やご縁を通して自分自身はいくらでも変わるのです。愛に触れ、感謝に触れ、変わります。

ここでも愛と感謝なのです。

愛と感謝のみ魂は震えます。

苦しみの渦中にいる時は当然感謝なんてできません。けれども必ずその経験やご縁から学んだことがあります。何年も経ってからでもよいのです。それに気付いた時に苦しみは感謝に変わります。そしてその感謝の奥に必ず深い愛があります。

3回目の結婚をした私は改めて感じています。主人の名前は、守です。守のおかげで本当に大切なことにたくさん気付かせていただいています。一番感じるのは私にとっての本当の幸せ、豊かさは平凡な日常にこそあるということです。

何か特別なことがあったから幸せというのではなく、日常は奇跡の連続なのです。まずは今この瞬間も自分が生きていること、そして愛する人が生きていてくれること、忘れがちですが、電気、水、ガスが使えること。何もかもが当たり前ではありません。お金を払っているから当然でもありません。全てが感謝であり奇跡なのです。守に触れることができるのも、私が生きていて守が生きていてくれているからなのです。

寿命がいつ尽きるかなんて当然考えていません。だから生きていられるのです。1時間後も生きている保証は何一つありません。だから今この瞬間が宝なのです。守の存在によって、そのことを改めて感じさせていただきました。

## 「100日後に死ぬ」

ここでまた祖父母の話になりますが、霊能者だった祖父母とは、のちに一軒家で一緒に暮らしました。すると様々な不思議なことがたくさんありました。祖父はお不動さんを強く信仰していて、同じくお稲荷さんを最後まで信仰していました。私にはわからない世界です。

祖父はよく言っていました。「お稲荷さんは生半可な気持ちで関わってはいけない」と。

その意味は何となく感覚で理解できました。

祖父母は本当に強く強烈な霊能者でした。ですが肉体を持ち生きる人間として、深い愛と感謝を忘れた人でした。

何故これだけの能力があり、様々なことがわかっているのに、一番肝心なことを忘れているのか理解ができませんでした。

祖父は私が中学生の、とある日、「じいさんは100日後に死ぬ」と言ってきました。寿命がわからない私は、何を言っているんだろうと思いました。でも不思議と祖父の放ったその言葉を、忘れられずにいました。残り1カ月を切った頃、祖父は救急車で運ばれました。持病の心臓発作です。

そして祖父が言った通り、100日後に亡くなりました。

何となく私は、〝母が助かった〟と、そう感じました。

愛と感謝を忘れ去った義理の親と同居していた母は、想像を超えるしんどさがあったと思います。

のちに私が嫁ぎ、3世帯同居することになった時、母の苦労を見ていたおかげで、私なりに覚悟ができたし耐えることができたと感謝しています。そしてやはり全ての出来事には意味があり、学びがあるのだと思いました。

## 他人と比べること、愛に条件はいらない

人は何故、自分に足りないものがあると感じるのか。

それは常に他者と自分を比べているからです。

この、他人と比べるということ自体が間違いです。

本来なら今現在の自分に足りていないところなんて何一つありません。土台が違う者を比べることなんてできないのです。経験していることも何もかも違うのですから。親でも兄弟でも違う人間です。実際私も兄がいますが、同じ親、同じ環境で育っても全然違うタイプの人間です。

例えば交通事故も、全く同じ場所で同じ状況で同じ事故に遭ったとしても、どう感じたか、どこを怪我したか、どんな痛みか、何もかもが違います。

全く同じ経験をしてもどう感じ、どのような感情になったかはみんな違いますから。だから〝もし比べるとしたら昨日の自分とだけだ〟と思います。誰かと比べて〝勝った〟と感じたとしても、魂は満たされません。人には無意識の承認欲求があります。しかし、他者に認められた幸せよりも、自分が自分を認めて受け入れ、愛した時にこそ満たされ豊かになります。

生まれた瞬間から死ぬ瞬間まで常に一緒にいてくれるのは誰でもなく、自分自身だけなのです。様々な経験をして、泣き、笑い、頑張って生きている自分を愛さない理由はないと思います。

どんな自分だって頑張って生きているのです。

だから自分を愛してください。認めてください。今こうしている瞬間だって頑張って生きている自分がいることを見てください。

愛する人に愛されている自分。

それは何よりもの自信になりませんか？　どのような関係性であったとしても、自分が愛する人が自分を愛してくれている。こんなに豊かな幸せなことってあるでしょうか？その愛されている自分に自信がみなぎってきませんか？

人は愛に条件を付けがちです。

例えば結婚相手に対してなら、収入がいくらだから、顔が好きだから、この職種だから、家事をしてくれるから、愛してくれるからなどなど。言い出したらキリがありません。

もしも、相手が仕事ができなくなったら？

事故や怪我で顔が変わったら？

愛せないのでしょうか。

ただ愛する人が生きてくれている。

そのこと自体の奇跡に感謝が溢れませんか？

自分だっていつ何がどうなるかわかりません。

愛する人の名前を呼べる幸せ、愛する人に名前を呼んでもらえる幸せ。あったかい肉体、鼓動の音。それらに触れられること。どれをとっても愛しくてたまりません。感謝が溢れます。

広い世の中でめぐり会えたこと。愛し合えること。たくさんの人がいる中で同じこの時に生まれ生きていて、お互いを見出すことができた奇跡。もちろん偶然やたまたまはありません。

出会ったとしても恋愛になる可能性を考えると本当に奇跡だと思います。

今までの自分の人生において経験したことの何か一つでも足りなかったら、めぐり会っていなかったかもしれません。

私は守と出会って確信しました。これまでの私の全てがあって、やっと守と出会えたと。

同じく守も今までの全ての学びがあってこそ今の守がいるのです。

人のご縁というものは本当に深い深い意味があります。

例えばバウムクーヘンは、遠目から見たら真ん中に穴が空いている輪っかが一つあるだけのように見えますが、近くで見ると輪っかは何層も重なっています。何層にも重なったものが一つの輪っかのように見えるだけなのです。

人のご縁とはまさにこんな感じで、層が一つずれていれば、どれだけグルグル回っても隣の層とは交わる箇所がありません。ただ隣り合っているだけなのです。

このように層が違うと疎遠になります。関わりたくても関われないようになります。

でも同じ層にいれば一旦は離れたご縁もまた、時が来たら繋がることだってあります。

人のご縁は本当に面白いし、よくできています。

私もこの歳になって初めて本当の親友ができました。

私は彼女の存在にどれだけ救われてきたかわかりません。

私には後にも先にも彼女以上に信頼できる友はいないと思います。何故なら彼女のことを私は親以上に信頼しているからです。

本当に人のご縁は必要なタイミングで必要な時に繋がります。

周りにいてくださる方を見ると今の自分がわかります。

愛が豊かな関係性ですか？

そこに条件はありませんか？

想いが循環していますか？

ただその人が存在してくれることに湧き出る感謝はありますか？

言いにくいこともはっきり言える関係性ですか？

大人になると注意してもらえることも少なくなります。

妬みや嫉妬などで悪意を持って気分を害することを言ってくる方はたまにいますが、あなたのことを本当に想って、あなたが困らないように愛を持って助言をしてくださる方、そしてあなたもそのように言える方。こんな関係性の方はなかなかできません。もしそういう方がいらっしゃるなら本当に大切になさってください。

常に自分からの視点だけでは相手のことはわかりません。相手の視点に立つということをしてみてください。自分からの視点だけでは自分の価値観の押し付けになります。だから相手の視点に立つというのが大切なのです。

# 「ありがとう」は奇跡を生む

「愛と感謝って何？」と、今までどれだけの人に聞かれたかわかりません。「言葉からもちろん意味はわかるけれど、実際、愛と感謝だけでいいのか？」とも聞かれました。

愛と感謝。

言葉にするとたったこれだけですが、私は全ての出来事に、経験に、ご縁に、愛と感謝があると思います。

辛い経験も、苦しかったご縁も、必ず自分に大切な何かを気付かせてくれる。すぐにはわからなくてもそこには深い感謝を伴うことがあります。その時に視点を変えると全く見えていなかったことに気付けたりします。

どのような経験も、自分の経験値を上げてくれます。

肉体を持ち生きる私達は、自分にとって都合の良いことをもちろん望みますが、魂からしたら、都合の良い悪いはありません。善悪もありません。

私はギフトを持って生まれ、視たくないこと、聞きたくないことをたくさん経験しました。この歳になるまで、私は私から逃げたくて仕方なかったのです。

愛と感謝。もちろんわかります。ですが、生きていると理不尽なことがたくさんあります。

身内ですら、絶句するようなこともあります。

生きるということは本当に辛く苦しいことだと感じることもたくさんあります。

今一度ご自分の今までの人生を振り返ってみてください。

たくさんの様々な経験をされ、それを乗り越えて、今があると思います。

今現在苦しみの渦中にある方もいらっしゃると思います。

人は人である以上、人から学ぶと思います。

様々な出来事も経験も、そこには必ず人が関わっています。

動物や自然からもたくさん学ぶことはありますが、そこにも必ず誰か人が加わって何かしら関わっているでしょう。

愛が豊かで満ち溢れている方は常にゆとりがあります。

何があってもゆとりがあるから冷静です。他人が自分から離れていくことにも不安がありません。自分を見ているからです。

人の視線や意見にばかり左右されると自分を見失います。

自分がどうしたいのかではなく、他人にどう見られたいのかという軸ができて、そこばかり気になるのです。

魂はそんなことを1ミリも望んではいません。

自分を生きることを望んでいます。がむしゃらでも、格好悪くても一生懸命に自分を生きる。その結果自分の周りにあるたくさんの愛と感謝に気付けます。

魂は、どれだけ深く愛して愛されたか、どれだけ深く感謝して感謝されたかで、磨かれ豊かになります。

〝愛されたい愛されたい〟と願う方は少なくありません。

ですが、あなたは与えてますか？

自分は与えることをせずに、与えてもらうことばかりを要求しても、想いが循環することがないので、当然長くは続きません。

むしろ本当の豊かさは、与えた愛を受け取ってもらえた時だと思います。誰かを深く愛するというのは心がホクホクしますよね。自分自身の中に愛が芽生えるとあったかくなります。

愛と感謝は無限に湧いてくるものです。自分の視点を変えればいくらだって湧いてきます。与える幸せを知ると尚更だと思います。まずは自分が与えてみてください。その時の自分の内側を感じてみてください。

愛と感謝というワードに嫌悪感を示す方もいらっしゃいます。

「綺麗事ばかり言って」と言われたこともあります。

だけど私の軸は変わりません。

愛と感謝が全てだと私は知っているからです。

魂は愛で震えます。輝きます。気付きます。思い出します。

愛のみです。

愛のみが魂に触れると感じています。

愛に嫌悪感を覚える方は魂では愛を深く求めています。

感謝に嫌悪感を覚える方も魂では愛を深く求めています。

ですが肉体を持つその方にそのことを伝えても、さらに嫌悪感を抱くだけになるのです。

自分が愛を欲していると認めたくないからです。

その場合はご自身で気付いていただくしかありません。

自分で自分を認められたら、かなり楽になります。

どんな凄い方に認められるよりも自分で自分を認めることが一番です。それができないと、いつまでも承認欲求が消えません。

どんなに有名な方も、地位や名誉がある方も、赤ちゃんも、人である以上誰もが横並びです。上も下もありません。同等です。

そのことを忘れ、誰かを上にしたいから、ついていきたいからと、自ら下がる方が多いように思います。

それでは、あまりにも自分が可哀想だと感じます。

頑張って生きているのに、自分が自分を認められないばっかりに自分を無視して他者を崇める。

尊敬したり、見習ったりは素敵なことですが、自ら下がる必要はどこにもありません。

誰もが唯一無二の存在です。

誰もが魂は美しいのです。

逆に誰かを下げることによって、自分が上がったと勘違いされる方も多いです。これは本当に悲しいことだと思います。

他者を見る前に自分を見てください。

唯一無二の自分をしっかり見てください。自分を置いてきぼりにしないでください。

魂は常に肉体の自分にメッセージを送っています。

偶然やたまたまはありません。

全てメッセージだと思って受け取ってください。

自分の波動を強く高く大きくしてください。

それもやはり愛に気付き、感謝に気付くことです。

日常の中にたくさんの愛と感謝があります。

むしろ愛と感謝だらけです。もちろん生きていたら嫌なこともたくさんありますが、そういう時は視点を変えてみてください。

飲食も同じです。物理的に体に良いものを食べて飲むのは大切なことですが、それ以上に目の前にある食べ物に感謝することの方が大切だと思います。

食べ物にもそれぞれの波動があります。

ですが、食べた瞬間自分の波動と合わさります。そこで食べ物に感謝して食べることによって栄養となり血肉になります。

食べる前に言う、「いただきます」にはたくさんの意味が込められています。

「ありがとう」「愛してる」も凄いエネルギーのある言葉です。

本当に想いを込めた「ありがとう」は奇跡を生みます。

「ありがとう」を言われて嫌な気分になる方はいらっしゃらないと思います。

「ごめんなさい」も大切な言葉ですが、それよりも、「ありがとう」は最強です。たった五文字です。たくさんの想いが詰まった「ありがとう」を使ってください。お風呂で体を洗う時も頭を洗う時も、「ありがとう」を頭の中でループしてみてください。細胞の1個1個が、イキイキしてきますから。

例えば、遠く離れた誰かのことを想うと、その想いはその方のお守りになります。

想いというのは瞬間に届きます。

愛のみ届くと私は思います。

逆に、誰かを憎む想いは、自分に跳ね返ってきます。

どのようなエネルギーを受け取るかは自分次第です。

愛と感謝を見失うことなく生きていれば、愛ではないエネルギーは近くに来ても届くことなく、手前でポトンと落ちます。そして発した本人の元へ戻ります。何倍にもなって。

愛する想いも何倍にもなり自分に返ってきます。

自分次第で、現実は如何様にも変わります。

誰かのせい、環境のせいではありません。もちろん、何かのせいにしたくなる時はたくさんあります。あまりに理不尽なことが多いので。でも、だからこそ、一旦フラットにして自分自身を俯瞰してみてください。違う角度から見ることによって、見えなかったものが見えてきます。

自分自身の愛に絶対的自信をお持ちください。一人一人違う愛があります。ご自身にしか出せない深い愛を惜しみなくたくさん与えてください。

## 自分と向き合って、自分を知るということ

魂が視えるということは本当に生きにくいです。

相手が言葉で発していることは右から、本音は左から聞こえます。本音が真逆なことはたくさんあります。言葉では「亜美ちゃん遊ぼう」と言いながら、〝みんなが誘うと言ったから誘ってるけど来るなよ。断われよ〟と言っているのが同時に聞こえます。

そんな時私は、「誘ってくれてありがとう。でも今日は用事があるから帰るね。ごめんね。ありがとう」と、本当は暇なのに帰ります。もちろん相手の本音がわかるとは言えないので。

そしてとぼとぼ帰りながら何度も泣きました。

自分にこの能力があるばかりに、何故こんな辛い思いをしないといけないのか。誰のせいにもできません。自分で自分を憎みました。

何故あの時、魂の時、ギフトを受け取ってしまったのか。

受け取ってきたのは自分。だから私は私からずっと逃げたかったのです。本来なら本音と建前はある程度わかっても確信ではない。だからやりすごせるのです。

でも相手の声で聞こえる。視える。わかる。

この能力を前提としての人付き合い。

本当によく生きてこられたと我ながら思います。

でも私はやっぱり愛と感謝が全てだと伝えたいのです。

〝より多くの方がご自身の魂の声に気付き、魂から豊かになってくださったら〟と、心から願います。

私自身、生きている中で苦しいことはたくさんあります。

でも寿命が来るまではどうしようもないのです。

ならば〝生きることを一生懸命したい〟と思ったのです。

私は、能力を持って生きるのが苦しすぎて、幼少期から何度も私自身から逃げたくなって、肉体を脱ごうとしました。

でもその度に不思議なことが起きます。

体が何かに支えられて動けない、何もできない状態になり、「そんなことをしても自分からは逃げられない」と言う声が聞こえ、私がこのギフトを受け取った時の映像を何度も視せられます。

それを視せられたら、どうすることもできません。ただ泣くだけです。

誰かに相談することもできません。親にも能力のことは言えませんでした。言ったら拒絶されるのがわかっていましたから。

私は孤独でした。

今でも、この能力を理解してはもらえないという点では孤独です。

ですが今は、この能力を含めて愛してくれる人がいるので、今までの人生では感じられなかった豊かさを感じています。

普段は気持ち悪がられ、何かあったら頼られる。

そんな感じでした。

それでも良かったのです。

どこかで自分を諦めていたからかもしれません。

時折、「その能力いいね」と言う方もいらっしゃいます。

そんな時も、改めてわかってはもらえないことに涙を流していました。

私は何故生まれたのか。何故このギフトを託されたのか。数えきれないほど考えました。

いくら考えても答えは常に同じです。

愛と感謝が全てだと伝えるため。

もちろん私自身の魂を磨くというのは大前提ですが。

伝えること。

私が視ている私の世界を伝えたい。

結局は幼少期から今に至るまでずっと同じ答えなのです。


家族との関係性、職場での関係性、友人関係、恋愛。

何もかもに深い学びがあり、今この時に学ばなければいけないことしかありません。

常に、段階が進むごとに、その都度必要な学びがあります。

そのタイミングには一寸の狂いもありません。

本当にうまくできているなぁと感動します。

誰を視ていてもそうですし、自分を振り返ってもそうです。

逃げることは悪いことではありません。

ですが、自分と向き合うのは絶対に必要です。

何故これを書いているかというと自分と向き合わない方が本当に多いからです。自分の人生に登場してくれる人は、全てが自分の教科書です。学びを与えてくれる人です。

自分と向き合うという作業は苦しいことです。

見たくない自分も見ないといけないから。

でもその作業をすることによって、自分を知ることができます。

ヘアメイクも同じなのです。流行りの髪型、流行りのアイシャドウの色、毎年毎年今流行りの……って出てきますよね。

でも一人一人顔は違います。髪質も違います。目の形も鼻の形も違います。今流行りのアイシャドウを使っても自分に似合うかは全く別です。

自分に似合う髪型、似合うメイク、似合う服の色、形、素材。全てを知っている人は、やっぱりお洒落だし自分の魅せ方をわかっています。

結局は何事も、自分と向き合い、自分を知ることが一番なのです。

自分という人間を最大限に活かしてパフォーマンスをすると、気持ちが上がるだけでなく、人を魅了します。そして自分の波動が上がります。

これは内面的にももちろん同じです。

自分だけにしかない誇れる箇所は必ずあります。

そこを知っている方は強いです。

私自身今こうして書かせていただいていますが、私が書きたいことをありのまま書くと決めて始めたのに、書き進めるにつれ、多くの方に関心を持っていただくことに意識が向いていきました。

ですがそれでは私が私でなくなるのがわかりました。私が私のままを書きたいから書かせていただく。そうじゃないと、何の意味もないことに気付いたのです。

これだって自分を、知るということです。

どうしても人からの評価を意識すると自分を見失います。

自分が何をしたいのか、何を伝えたいのか、誰といたいのか。そこを見失うと自分が消えるのです。

すると自分の魅せ方、自分にしかない魅力を失うのです。

だから自分を信頼するのです。

私は幼少期からずっと〝愛する人のヒーローになりたい〟と思ってきました。

幼少期は母の、恋愛をするようになったら彼氏の、結婚をしたら主人の。

みんなそれぞれどう感じているかはわからないけれど、私はヒーローになれていたと感じています。

私にしかない私だけの母性と深い愛で包み、愛してきたから。

むしろこれ以上できないくらいに愛してこれたから。

過去の二人の主人達は離婚する時に、「最初の妻が亜美で良かった。愛を教えてくれてありがとう」と深い感謝を伝えてくれました。

私にはこれ以上ない言葉でした。

その言葉と経験は、私の自信になり、お守りになっています。

やれるだけやったら悔いは何一つ残りません。

私も過去の二人の主人達には深い感謝しかありません。

そのように思いながらの離婚で、本当に幸せだと感じています。

私が私でいることは、私の人生において一番大切だと思います。

私はアイメイクが濃いです。散々色々な方にナチュラルメイクの方が似合うと言われてきました。しつこいくらいに。ですが私はアイメイクをしています。私のアイメイクを真似しても似合わない方がほとんどだと思います。濃いですから。ですが私には一番似合うのです。

他の誰かのためにメイクをしているわけではありません。私が私のためにしているのです。だから他者の評価や意見は私には関係ありません。私にとって大切なのはここだなと思います。

誰に否定されようとも、私には関係ないのです。

強くそう思えたら自分が軽くなります。自分が強くなるのです。

私が私の魅せ方を一番わかっているのですから。

そこに絶対の自信を持つと、ぶれなくなるのです。

だから100人が「右だ」と言っても私が〝左だ〟と思ったら私は左に行きます。

それで、転けたって良いのです。私が自分で決めたことだから。

私の人生だから。

こうして考えてみると、いかに日常生活の中で当たり前に、自分の感覚よりも人からの視線や評価を気にして生きてきたかに気付く方も多いと思います。

お亡くなりになられた方々の声を聞きました。やはり多かったのは後悔の言葉でした。

もっとやりたいように生きれば良かった。

誰かのために生きすぎた。

私の人生は何だったんだろうか。

それらの声は今も私の中にしっかり根付いていて、節目節目に思い出します。何故なら私もそうだったから。

常に目の前の大切な家族のために、愛する誰かのために、尽くして尽くして生きてきました。

報われないことも、たくさんありました。

それでも、寄り添うことを大切にしたいから。そして相手が何を望み何を思っているかわかるから。

だけどその度に私は私を殺していたように思います。

2回目の離婚をして、私が強く自分に誓ったことは、〝私は私を生きる〟でした。今現在、はたしてそれができているかは正直わかりません。それは肉体を脱ぐ時にわかるのだと思います。

でも少なくとも今、近い存在の方にこの能力を隠して生きる必要がないことは事実です。

結婚し、他人同士が家族になるということは許し合いの連続だと思います。でもそこにも大きな、大切な学びはたくさんあります。

人は人から学びますから。

私は離婚後一人暮らしをした9カ月間、自由でした。めちゃくちゃ自由でした。でも、長年そこまでの自由を味わったことがなかったから、戸惑いの連続だったのです。自由であることに不自由さを感じたのです。

その時、改めて私は人と関わっていたいのだとわかりました。ある程度の不自由さが私には逆に必要なのだとわかりました。

そして3回目の結婚をした今、再び不自由な生活をしています。

でも、その中で満たされている自分が確実にいます。

今でも私は全ての私を理解しているわけではありません。まだまだたくさん自分でも知らない自分がいることでしょう。これからも様々な経験をし、色々な感情になり、様々なご縁ができ、その都度、今はまだ知らない私に私は出会うのだと思います。

それが楽しみでもあります。

## 場所のエネルギー

私は昔から神社仏閣に一切興味がありません。何故ならその場所のエネルギー、波動が視えるからです。

特に有名な場所は本来なら強いエネルギーがあると思います。ですがたくさんの方が来られることによって、場所よりも人間のエネルギーが上回るのです。だから私にはパワースポットでもなんでもないと感じるのです。むしろ自分の家の方が遥かにパワースポットです。

神社仏閣に来られる方は様々な意識で来られます。もちろんその中には深い感謝をお持ちの方もおられますが、〝困った時の神頼み〟〝ここに来たから大丈夫〟といった意識の方も大勢います。

そのエネルギーが渦のように視えるのです。

だから私は行かないようにしていたし、無縁でした。

でも結婚すると、神社仏閣が好きな主人に付き合って、あちこちに行きました。有名な所も回りましたが、結局心身共に疲れ果てて終わりました。

自分の感覚を無視して人に合わせても、ろくなことにはならないと、改めて学びました。

今後私はやっぱり神社仏閣に行くことはないと思います。

行って気分が良くなる方は行かれることをおすすめいたします。これはあくまでも私は、の感覚です。

自分にとって心地よい場所は人それぞれですから。

波動が視えると、場所によってそのエネルギーがかなり違うのがわかります。路地を一つ入っただけでいきなり全然違う波動になります。行きたくない場所も増えます。本当に生きにくい性質だと我ながら思います。

一番わかりやすいのはゴミ捨て場です。

ゴミというのは、結局全て人間が作り出しているのです。例えば野菜も、買った時はゴミではありません。むしろそのおかげで新鮮に保てる皮や根っこを、使う時に切り落としてゴミにしています。

ゴミになった瞬間に早く捨てたいと思いますよね。

特に夏場なんてそうだと思います。

自分がゴミを作り出したことなんて頭にありません。その意識の中には感謝がないのです。

そしてゴミ回収の日に出す。

あー出せて良かった。スッキリ。

ゴミ捨て場にはたくさんのゴミ達の悲しいエネルギーを感じるのです。

人の意識が、それぞれの物質のエネルギーが、場所のエネルギーを作り出しています。

「ゴミに感謝して出して」と言っても当然なかなか伝わりません。でも私がお伝えしたいことはそういうことなのです。

回収してくださる方がいるからまた出せる。このゴミだって自分が作り出したもの。「ありがとう」という意識を持つことはそこまで難しいことなのでしょうか。私は幼少期からずっと不思議だったのです。

結局はその感謝の意識も自分に返ってくるのですけどね。

人は感謝を忘れがちになります。手に入れた当初はありがたく思っても、そのうちに全てが当たり前になってしまうのです。特別な何か以外は当たり前。

とても悲しいことです。〝感謝のハードルを下げたら、自分が感謝で溢れて豊かになるだけなのに〟と、ずっと思ってきました。今も思っています。

何もかもが自分次第なのです。

## わかってもらおうと思うこと

私が母に能力のことを話したのは大人になってからでした。私はその時結婚が決まっていたし、私の想像する反応だったとしても家から出るから、その時がベストだと思ったからです。

どこかでは期待をしていたのです。私の苦しみをほんの少しでもわかってくれるのではないか。だって母だから。でも結果は惨敗でした。拒絶。〝気持ち悪い。この子は何を言ってるの？〟

こうなることがわかっていたから隠していたのに。

やはり予想していたとおりの反応で、私は絶望感でいっぱいでした。

私は逃げるように家から出ました。

でもわかりました。〝私の世界をせめて母くらいにはわかってもらえるかもしれないと思っていた私が甘かったんだな〟と。それから現在に至るまで家族に能力の話をするのはやめました。

でも、今でも間違いなく〝誰かにはわかってもらえる〟という甘い期待をしているのです。

そんな甘い自分が嫌で仕方ないのですが、私だって人間として生きているから、このようなこともあるのです。

こんなふうに、孤独と闘ってきました。多分これからもそれは変わらない。肉体を脱ぐまで変わらないと思います。

私にはこのギフトを受け取ってきた意味があるし、一人でも多くの方に全ては愛と感謝であることを伝えたいのです。

スピリチュアルの世界では難解な言葉や高額な難しいセミナーがたくさんあります。ですが私は、本来はめちゃくちゃシンプルなことだと思っています。そしてスピリチュアルとは生き方のことだと思います。

ややこしくしているのは思考。

本来誰もが持っている感覚を鈍らせているのも思考。

生きている限り思考をなくすことはできません。

でも、感覚を研ぎ澄ませることは無限にできます。

その感覚こそが、自分自身の魂からのメッセージです。

理論立てて説明できることは全て思考の世界。

感覚を言葉にして伝えるのは難しいことです。

その根拠は？　と聞かれても説明なんてできません。

そう感じるからとしか。

だから私は心理学とは無縁なのです。

ビジネスシーンでは心理学的要素が必要なことはありますが、日常生きている中で心理学を乱用されると、私は信用できなくなってしまいます。

学問的知識での心理戦を主体にしているから、それはその人の本当の言葉ではありません。言葉に想いが乗っていないし、温度を感じないのです。

人はあったかいものです。そして魂は誰もが美しい。

私はまず魂の外側が視えてきます。形も色も様々です。その外側を３６０度から視ます。

表と裏で全然違う方もたくさんいます。

外側からメッセージを受け取ると、次に魂の中心に行きます。中心には噴水のようなものがあります。これはその方の本質みたいなものです。これも外側同様に成長し、学びと共に変化します。その噴水からは愛と感謝のエネルギーが噴き出しています。

色も量も形状も様々です。

そして中心から強いメッセージを受け取ります。その方の魂から、肉体を持ち生きている本人へのメッセージです。自分から自分へのメッセージ。

魂は様々なものを視せてくれます。

まさにその方の本質。

嘆き悲しみもあります。そんな時どこまでお伝えしていいのかわからなくなりますが、ありのままをお伝えするようにしています。何故なら受け取る覚悟がある方だからです。


日常の様々なことに不平不満を言い出したら、多分きりがないです。そんな時こそ視点を変えてくださいい。太陽が出ていることですらありがたいと思えるようになります。すると心がほっとします。

人間関係ですら、いや人間関係こそ不平不満は溜まります。

それは何故か？　相手が自分を理解してくれない、相手が思うように動いてくれない、相手に傷つけられた。これら全ては無意識に相手をコントロールしようとしているからです。

親や子供ですら自分の思うようにはいきません。

唯一コントロールできるのは自分だけです。

どうしても嫌なら相手から離れたら良いだけのことです。

相手に執拗に執着していると、離れるのが怖い。でも相手が自分の思うようにならなかったら腹が立つ。

これって冷静になって見てみるとめちゃくちゃ自分勝手ですよね。人間はロボットではないのです。それぞれに様々な感情があります。

嫌なら離れる。ただそれだけ。

人間関係こそシンプルだと思います。

これもややこしくしているのは自分の思考であり、支配欲です。生まれたての赤ちゃんだって感情があります。当たり前ですけど。

魂が視えるという独特の人生を歩んできて、気が狂いそうになることは今現在もあります。

本当に間違いなくわかっているのは誰しもが絶対なる愛を求めているということです。

自分では認めたくない方がいますが、これは絶対なのです。でも当然のことなのです。

誰しもが愛のみの世界にいたのですから。愛のみの世界から来たのですから。

そして、ある程度人間関係を築いている関係性なら相手だけに非があることはないと思います。

自分でも無自覚の中で何らかがあるものです。

そこを振り返ることなく一方的に相手を責めても、自分が虚しくなるだけです。

## 豊かに幸せに、自分自身を生きる

人生は有限です。1秒1秒死に向かっています。よく「老後が心配」と聞きますが、視点を変えると〝老後も生きている〟と思っているからなんですよね。

もちろん備えあれば憂いなしです。

ですが、生きているのかわからない未来を想像して凄く不安になるよりも、今この瞬間を見て楽しむことの方が大切じゃないでしょうか。余命宣告をされても何十年と生きている方もいらっしゃるのですから、人生何が起きるかなんてわかりません。

今この瞬間は二度と戻らない時間なのです。ならば今この瞬間愛する人を思いっきり愛して自分を楽しむことが、自分自身の波動を高く強くしてくれます。

生きていると、生き癖や、考え方の癖、捉え方の癖があります。

でもそれらはいくらでも変えることができます。

全ては自分次第だからです。

他者に変えてもらうことはできないけど、自分で自分の癖は如何様にも、いつからだって変えられます。変われないと思い込んでいるのも自分自身なのです。

自分を客観的に俯瞰して、如何なる出来事にも必ず感謝があることを知り、愛に触れたらすぐに変わります。

私は時折、守と喧嘩というか私が機嫌を損ねて嫌な空気になる時があります。そういう時に必ず自分を俯瞰します。

すると愚かで未熟な自分に必ず気付きます。

そして反省して悔い改めて、また自分自身と守と向き合います。

私達夫婦にとってはこういう時間も本当にありがたく、また一つお互いを知り、自分を知り、愛がさらに深くなり、守への感謝が無限に溢れます。

守の全てが愛しい。笑顔も、拗ねた顔も、寂しがっている姿も、疲れている姿も、あったかく優しい大きな手も。

とにかく守の命が愛しい、存在全てが愛しい。こんなにも愛せる自分すら愛しい。愛を受け取ってくれる存在がいることは当たり前ではないのです。これは決して惚けではありません。

こんなにも深く広く守を愛せることが本当に嬉しいのです。守と私の互いの想いが、愛が、循環していることが嬉しいのです。幸せでしかないのです。

人を愛すること。愛されること。そして循環すること。

少なくとも私にとっての幸せ、豊かさは、これ以上はありません。

「仕事で成功したい」「お金持ちになりたい」「有名になりたい」など、生きている肉体であるご本人は、様々な幸せになるための願望をおっしゃいます。ですが、視させていただくと、必ず魂は愛を深く求めているのです。そういう方に限って必ず愛だけを求めているのです。

魂は愛でしか豊かになれないことを知っているから。

でも〝そんなんじゃない！〟と思っているから、お金や地位や名誉など目に見えてわかりやすいもので自分の存在価値を認めてもらおうとするような、承認欲求だけが強くなるのです。

このような方の魂の中心には、膝を抱えて座り真っ暗闇の中で泣いている〝小さいご自身〟が視えます。

魂と肉体が繋がっていなくて切なくなります。

でもいつか必ずご自分で気付かれる時がきます。

お金をたくさん手にしても、そこに愛がなければ、本当の意味での豊かさや幸せは手に入れられません。１円でも１億円でも同じなのです。確かにお金がたくさんあれば買えるものもたくさんあるし豪遊もできます。一時的には、心にゆとりも持てるでしょう。

ですが愛がなければ虚しいだけなのです。周りに寄ってくる人もお金目当てです。もしお金を持っていなければ？　それでも変わらずそばにいて愛を捧げてくれる方はいますか？　お金をたくさん持っていても不治の病になったら？　結局、物質ではどうしようもありません。

ですが愛は不動です。無限です。奇跡を生みます。愛は唯一魂を豊かにしてくれるものです。

威張っていたり、心理学を用いて圧をかけて話す人、自分を認めてほしいから凄い自慢をしたりする人は、どこまで愛に枯渇しているんだろうと思います。

全ては自分に自信がないのです。

人から凄いと言われることに安心をしているだけなのです。

承認欲求で満たされるのは一瞬なのに。

本当に愛が豊かな人は常にゆとりがあり、他人の評価を気にしない。そして常に謙虚なのです。

謙虚さがないのは、ゆとりがないからです。

愛に枯渇し、感謝されることもない。

だから威張って威嚇するような言動を取るのです。

悲しいことです。


愛に枯渇しすぎている人は怖いです。

愛する人がいないのは怖いのです。守るべき人がいない。

やけになることもあるし、どうだっていいという強い感情が生まれ、愛に枯渇しているがばかりに、他者を全て敵だと見なします。

何をしても誰を傷つけても、満たされることは一切ありません。

愛でしか満たされません。

これは本当に〝間違いなく〟です。

ニュースで犯罪者の顔が映ると魂が視えてくる時があります。一寸の狂いもなくみんな愛に強烈に飢えています。怖いくらいに愛が枯渇しています。

愛に枯渇していると何もかもが憎くなり、自分にとって不都合なことは全て誰かのせいにし、環境のせいにし、世論のせいにしてしまいます。そしてめちゃくちゃな理屈を並べ、自分は間違っていないと主張するのです。

そんな時の魂は嘆き悲しんでいます。そりゃそうですよね。

喉から手が出て、愛を求めている映像も視えます。

でも当然、そんなふうになっている人を愛する人はなかなかいません。だから負のループになります。

自分で気付かない限り、そのループを断ち切るのは無理です。

実際にそうなっている方は多くいらっしゃいます。

最近よく、「アセンション」「目覚め」という言葉を聞きますが、それ以前の状況の方がほとんどなのです。

スピリチュアルジプシーも同じです。愛を求めて彷徨って、「あのワークをしたらいい」「この場所に行けばいい」「これを持っていれば大丈夫」「この方についていけば間違いない」と、自分の師となる人を見つけては、あっち行ったりこっち行ったり。そうして自分自身がなくなるのです。だから輝けない。でも人からは認められたい。カオスな現象になるのです。

共通しているのは、愛に枯渇しすぎている点です。

誰に付いたからでも、高額なセミナーに行きワークをしたからでもないのです。それら全てを自分の中に落とし込み、実践しなければなんにもなりません。そこにすら気付いていないのです。

本当は全てシンプルなのに。愛に触れるだけなのに。自分からは与えずに与えてもらうのを待つ。そのスタイルでは本当の深い愛は当然もらえず、これもまた、負のループになります。

ありがちなのが、どこの世界でもそうだと思いますが、マウントの取り合いです。〝自分が正しい〟のぶつけ合い。凄く愚かなことです。

「私は自分に自信がなくて愛が枯渇しているんです」と言っているのと同じですから。

愛が豊かな人は自分の〝正しい〟を決して押し付けはしないし、マウントを取る必要もないのです。

むしろマウントを取るのは恥ずかしいことだと思います。

自分の価値を自ら下げているのですから。

宇宙が云々、神様が云々言う前に自分を見てください。

自分を見ることなく、宇宙やら神様やらに逃げている場合ではないと思います。

自分の魂が何を求めているのかをしっかり見て感じてください。

今を生きているのは自分自身なのですから。
自分から逃げては自分の道を歩むことはできません。
自分の道を歩けないと満たされることはありません。

もちろん私は、私が視ている世界しかわかりません。
魂と波動。だから他の世界はわかりません。
あくまでもこれらは私が視ている世界。魂の世界です。
色々な世界があります。自分がどこを見ているかです。
どのような世界を見るかも自由だし、何を信じるかも自由。
愛に飢えて枯渇するのもまた必要な経験であり、学びです。
同様に、私には私が視る世界があるだけのことです。

昔、祖父が度々言っていました。
「亜美。我々はそもそも日本人として生まれただけでも本来凄いことなんだぞ」と。祖父
とは全く違う能力ですし、視る世界も違ったけれど、何となく意味はわかりました。
最近の地球は嘆きのエネルギーを感じます。

愛ということを思い出す方があまりにも少ないから。

私はそう感じています。

誰もが自分が見ている世界を大切にしていただきたいと思います。

愛という軸だけは大切に。

誰しもの中に魂があり、魂は愛を常に求め与えたい、ということだけは覚えていていただければ幸いです。

魂は、愛のみで動きます。震えます。愛のみを求めています。

苦しみ、不都合、苦難の中にも、むしろその中にたくさんの、無数の、無限の愛があります。

愛に気付く。本当にこれが全てです。

愛のみです。

そして愛に満たされ、愛が豊かになれば、誰だって魔法使いだと私は思います。

「引き寄せの法則」などにもあるように、結局は自分が発している波動が、同調して現実を引き寄せているのです。もちろんそこには本当の覚悟が必要です。

波動が強く高く、大きく、そして愛で溢れている。そのような波動を放っている方には、見合ったご縁や現実が訪れます。

料金受取人払郵便

新宿局承認

2524

差出有効期間
2025年3月
31日まで

（切手不要）

郵便はがき

160-8791

141

東京都新宿区新宿1－10－1

(株)文芸社

愛読者カード係 行

| | | | |
|---|---|---|---|
| お名前《ふりがな》 | | 明治　大正<br>昭和　平成　　年生　　歳 | |
| ご住所《ふりがな》 | □□□-□□□□ | 性別<br>男・女 | |
| お電話番号 | （書籍ご注文の際に必要です） | ご職業 | |
| E-mail | | | |
| ご購読雑誌（複数可） | | ご購読新聞<br>　　新聞 | |

最近読んでおもしろかった本や今後、とりあげてほしいテーマをお教えください。

ご自分の研究成果や経験、お考え等を出版してみたいというお気持ちはありますか。

ある　　ない　　内容・テーマ（　　　　　　　　）

現在完成した作品をお持ちですか。

ある　　ない　　ジャンル・原稿量（　　　　　　　　）

| 書　名 | | | |
|---|---|---|---|
| お買上<br>書　店 | 都道<br>府県　　　　市区<br>郡 | 書店名 | 書店 |
| | | ご購入日 | 年　　月　　日 |

本書をどこでお知りになりましたか?

1.書店店頭　2.知人にすすめられて　3.インターネット(サイト名　　　　)

4.DMハガキ　5.広告、記事を見て(新聞、雑誌名　　　　)

上の質問に関連して、ご購入の決め手となったのは?

1.タイトル　2.著者　3.内容　4.カバーデザイン　5.帯

その他ご自由にお書きください。

(　　　　)

本書についてのご意見、ご感想をお聞かせください。

①内容について

②カバー、タイトル、帯について

弊社Webサイトからもご意見、ご感想をお寄せいただけます。

ご協力ありがとうございました。

※お寄せいただいたご意見、ご感想は新聞広告等で匿名にて使わせていただくことがあります。

※お客様の個人情報は、小社からの連絡のみに使用します。社外に提供することは一切ありません。

郵便はがき

料金受取人払郵便

新宿局承認

2524

差出有効期間
2025年3月
31日まで
（切手不要）

1 6 0-8 7 9 1

141

東京都新宿区新宿1－10－1

（株）文芸社

愛読者カード係 行

| | | | |
|---|---|---|---|
| お名前《ふりがな》 | | 明治 大正<br>昭和 平成 年生 歳 | |
| ご住所《ふりがな》 | □□□-□□□□ | 性別<br>男・女 | |
| お電話番号 | （書籍ご注文の際に必要です） | ご職業 | |
| E-mail | | | |

| | |
|---|---|
| ご購読雑誌（複数可） | ご購読新聞<br>新聞 |

最近読んでおもしろかった本や今後、とりあげてほしいテーマをお教えください。

ご自分の研究成果や経験、お考え等を出版してみたいというお気持ちはありますか。

ある　ない　内容・テーマ（　　　　　）

現在完成した作品をお持ちですか。

ある　ない　ジャンル・原稿量（　　　　　）

| 書　名 | | | |
|---|---|---|---|
| お買上<br>書　店 | 都道<br>府県　　　　市区<br>郡 | 書店名 | 書店 |
| | | ご購入日 | 年　　月　　日 |

本書をどこでお知りになりましたか?
1.書店店頭　2.知人にすすめられて　3.インターネット(サイト名　　　)
4.DMハガキ　5.広告、記事を見て(新聞、雑誌名　　　)

上の質問に関連して、ご購入の決め手となったのは?
1.タイトル　2.著者　3.内容　4.カバーデザイン　5.帯
その他ご自由にお書きください。
(　　　)

本書についてのご意見、ご感想をお聞かせください。
①内容について

②カバー、タイトル、帯について

弊社Webサイトからもご意見、ご感想をお寄せいただけます。

ご協力ありがとうございました。
※お寄せいただいたご意見、ご感想は新聞広告等で匿名にて使わせていただくことがあります。
※お客様の個人情報は、小社からの連絡のみに使用します。社外に提供することは一切ありません。

■書籍のご注文は、お近くの書店または、ブックサービス(0120-29-9625)、セブンネットショッピング(http://7net.omni7.jp/)にお申し込み下さい。

誰のせいにもすることはできません。全て自分が招いたこと、引き寄せたことだから。如何なる出来事からも、愛を知り、感謝を学ぶことはできます。視点を変えることができれば、です。

恨み、憎しみから生まれるのは、自分を苦しめ惨めにし、波動は弱く重く、小さい。愛からどんどんかけ離れていくだけです。

どのような自分でいるかも、自分次第です。

自分の責任です。覚悟です。

私は愛と感謝に溢れた豊かな自分でいる覚悟を決めました。

そして望むご縁が繋がり、愛と感謝が循環した、魂が豊かな日々を過ごしています。本当にありがたいことです。

私が私を生きると決めたからです。強い覚悟をしたからです。

もちろんこのギフトという名の能力は私が肉体を脱ぐまであります。そのことについても本当の覚悟ができたからです。

深い愛によって。

だから私は私の深い愛と感謝を持って、ギフトを持って、正々堂々と豊かに生きていきます。

一人でも多くの方が、ご自身の愛と感謝を持って、深い愛で満たされて、魂が豊かに生きていかれることを心から望んでいます。

## 3世帯同居

私は二十歳の時に結婚しました。

最初は二人でマンションに暮らしていました。

半年後、主人のきょうだいが結婚することになり、義父母から「(結婚した主人のきょうだい夫婦と)同居する。それに伴い自宅を改築するから、あなたたちも帰っておいで」と言われました。

もちろん私は〝えっ……〟となりましたが、主人に任せようと思いました。

主人に聞いたら、「それならみんなで一緒に暮らそうか」とまさかの返答でした。

ですが、私は祖父母と同居していた経験があるのと、嫁に行った以上相手の家族に尽くすのは当然という古風な考えがあり、二人での新婚生活は半年で終わりました。

そこから、３世帯同居が始まりました。

姑はわかりやすい人で、自分の息子と娘だけが可愛い、典型的なタイプでした。

それはそれは苦しかったです。主人と一緒に帰ると私にも、「おかえりー」と言ってくれますが、私が先に一人で帰ると、「ただいまー」と言っても無視でした。

そんなことは序の口で、まぁそりゃ苦しかったです。

風邪をひいて内科を受診したら、先生に首を触られ「大きい病院に行って」と言われました。橋本病でした。過度のストレスによる発症と言われました。

帰宅して姑に、「橋本病になったー」と言ったら、「どうして、あなたみたいに、なーんにも考えてないような子がそんな病気になるのかしら。気のせいでしょ」と言われました。

病院では、あまりの数値の悪さに本来は即薬大量投与だったのですが、「結婚したばかりだし、今から妊娠、出産も考えると薬はとりあえずやめておきましょう」と言われました。

フラフラするし、仕事でハサミを持つのをためらったくらいしんどかったです。

現在も、もちろん橋本病ですが、薬は飲まずにきています。

年齢的なこともあり、甲状腺が腫れてしんどい時も多くなりました。だけど受け入れた上での橋本病との付き合いも長くなりましたから、だいたいの塩梅はわかっています。

これも深い意味があること。

頑張りすぎた体からのサイン。

全ては私が引き寄せたことです。もちろん姑を恨むとかはありません。なった以上うまく付き合っていくしかありませんからね。体は正直です。思っている以上に体はしっかりストレスを受けているのですよね。

今思えばもう少し自分の体を、心を、労ってやれば良かったと思いますが、これもいい勉強、学びになりました。

だからやっぱり感謝なのですね。

主人は〝亜美命〟みたいな人で、大切にしてはもらいました。

姑のことであまりに苦しくなった時、主人に話しました。

すると姑に対して、胸ぐらを掴む勢いで怒鳴りまくったのです。姑は「全ては亜美ちゃんが悪い」と言いました。私は急いで止めに入り、主人に謝りました。

そしてまた一つ私は学んだのです。

主人に対して姑のことを言うと全力で私を守ってくれる。

でも、主人がいない時ももちろんあります。その時に何倍にもなって私が攻撃されるのです。

今になって思えば、主人も私もたくさん稼いでいたので家なんていつだって出られたはずでした。本当に主人が私を思ってくれていたのなら、家を出る提案をしてくれたんじゃないのかと。そしてもう一つ。姑は息子を愛してはいない。本当に愛していたら息子の妻を大切にするはず。これで息子を愛しているわけはないのです。表面の見せかけの愛でしかありません。

私の逃げ場は仕事でした。がむしゃらに働きました。

ある日、1分間に30回くらい、後頭部を鈍器で殴られたかのような痛みに襲われました。その度に顔が曲がるくらい痛いのです。

当時脳外科の看護師をしていた友人に相談して、すぐにその病院へ行きました。MRIを撮り、診察室に入ったら、「自律神経だから、心療内科行っておいで」と言われたのです。なんだか情けなくなり、私は何をしているんだろうと思いました。結局は近所の心療内科に行き、頭痛薬をもらって治りました。

何故治ったのか。

それは私が自分の限界を知り、自分を内観し、そして全てに感謝できたからだと思います。姑がいなければ、同居をしていなければ、私は私を振り返ることすらなかったでしょう。

## たくさんの不思議　1

私は化粧品の販売をするようになりました。

店長になり、スタッフが休みの時に代わりに出るため、凄い出勤日数になっていたと思います。電車通勤は乗り換えが多くしんどいので、自転車で1時間かけて出勤していました。雨の日も台風の日も。

そんなある日、店を閉めて22時くらいに大通りを自転車で帰っていました。左は高速の入り口。目の前の横断歩道の信号は青。もちろん私は進みました。

ところが、私に気付かない大型トラックが高速に入ろうと左折しました。私は瞬時に〝終わった〟と思って一瞬目を閉じました。すると体が浮いている感じがしたのです。目を開けたら私は自転車に乗ったまま少し浮遊していて、左折したトラックの左側を浮かびながら並走していました。〝このままだと高速に乗ってしまう。だめだ〟と思ったら、地面に着地し止まりました。そして私は元の道に戻り無事帰宅したのです。この時の感覚は今でも不思議です。だけど助けていただいた感覚が凄くあり、深い感謝をしたのを今でも覚えています。

不思議なことがたくさんある中で、特に強く印象に残っている出来事がありました。

私が化粧品店で働いている時のことです。

常にスタッフは2、3名。早番遅番は一人です。

ある日、体に対してあまりにも大きすぎるスーツケースをゴロゴロ鳴らしながら入店されたお客様がいらっしゃいました。

小柄で美しい女性です。

その方はナチュラルに商品を選んでいるふうでしたが、明らかに私を凝視していました。

私は、「いらっしゃいませ。ごゆっくりご覧ください」とお声がけをしました。

そしてその方は私がいるレジに大量の商品を持って来られました。

私が働いていた場所は大都会のど真ん中。たくさんの芸能人も来られていて、皆さんポイントカードを作っていました。

大量にお買い上げいただいたので、お得なポイントカードを作ることをおすすめしましたが、笑顔で、「大丈夫です。ありがとう」とだけ言われました。

それから、毎月そのお客様は来店されました。

いつも大きいスーツケースと共に。

1年くらい経った頃、セール中で店内がごった返した日がありました。スタッフもいつもより多く、お客様もたくさんです。最早誰がスタッフで、誰がお客様かすらわかりません。

私は、ふと入り口に目をやりました。

すると毎月ご来店されるそのお客様が外から店内を見ていました。

いつもは必ずお一人なのに、その日はお二人でいらっしゃいました。

ショートカットの女性をお連れになっていました。

私はお声がけしようとしましたが、接客で手が離せませんでした。

そのまま数分が経ち、入り口を見ると、もういらっしゃいませんでした。

そして翌月になりました。

変わらず、大きいスーツケースと共にお一人で来店されました。そして大量にご購入していただきました。

ある日スタッフの一人が言いました。

「店長。あのお客様って絶対店長がいる時に来られませんか？」

よくよく考えてみるとそうでした。

シフト制だし、休憩時間もあるのに、必ず私がいる時でした。

それからしばらくして、遅番だった私は一人でお店にいました。

そろそろ閉店準備をしようと思ったら、そのお客様が来店されました。

その日はスーツケースはなく、一目散にレジにいる私の元へ来られました。

そして、その時の私の苗字を言われたのです。

スタッフが女性ばかりなので、危険なこともあるため、名札はありましたが名前は書いていません。

スタッフ、店長、としかありません。

だから当然私の苗字を知るはずがないのです。

スタッフは私以外誰も、「そのお客様と話したことがない」と言っていました。

私はすぐにわかりました。

能力者だと。

すると、その方は話し始めました。

「ずっと私のことを不思議に思っていたでしょ。ごめんなさいね。私は貴女がもう気付いているように能力を使って仕事をしているの。東京にいるわ。個人カウンセリングを何処かの土地で始めようと思ったら、凄い人がいることがわかったの。でも何処にいるかわからなかったの。だから日本地図を開いたわ。するとここだとわかったの。そして貴女がいるこの場所で毎月個人カウンセリングをすることに決めたの。お店の前に来てすぐに貴女だとわかったわ」

私はただ話を聞いていました。

その方は雑誌にも載っている有名な方でしたが、その時の私は存じ上げていませんでした。

そして、その方は話を続けられました。

「貴女がどこまで気付いているかはわからない。だけど、貴女は私が今まで出会った中で一番凄いの。貴女以上はいないの。日本地図を広げた時に貴女がいる場所が光ったわ。そして実際貴女を見た時に貴女は光っていたわ。私が弟子を連れてきた日を覚えてる？」

そうです。あのセールの日です。私は、「はい。覚えています」と言いました。

「あの日はね、私の弟子が貴女の光を見ることができるか、私が凄いと思った貴女のことがわかるかをテストしに来たの。弟子はすぐにわかっていたわ。貴女の光は凄いわね。ウフフ」

と、クスクス笑っていらっしゃいました。

「私は貴女と仕事がしたいの。貴女にしかできないことがありすぎるの。一言で言うと貴女が欲しいのよ」

私は戸惑いました。

その方は、名刺を出されました。

そこにはカタカナの仕事用のニックネームがありました。

名刺を裏返すと、そこに本名とプライベートの携帯番号、自宅の電話番号が記入されていました。

それを私に渡し、「いつでも連絡を待ってるわ」と。

そしておもむろに腕時計を外し、

「この腕時計を1分間貴女の左手で握って」

と言われました。

私は〝この方、私の左手までわかっているんだ〟と驚きました。

私は一応お聞きしたのです。

「何故ですか?」と。

「ホテルに帰ってから、この腕時計を握り、もっと深く貴女を視たいのよ」

そういうことかと思いました。

どれくらいお話ししたかわかりませんが、最後に握手をして、ハグをして帰られました。

私は連絡をすることはありませんでしたが、シンプルに凄い方だと今でも強く印象に残っています。

何故なら私が3世帯同居であること、離婚を考えていることも話し始めたからです。

そして何より凄いと思ったのは瞳です。

とても強い瞳でした。

私はこのように、相手の方から声をかけられることが本当に多かったのです。

いわゆる能力のある方に。

神社に行っても、私に向かって手を合わせられ、拝まれたり、「貴女は何なの？」と言われたりします。

だからとりわけ、特別なことではなかったのですが、このお客様のことは忘れないと思います。


仕事の休憩中に、すれ違った方が戻ってきて私に話しかけてきたこともありました。

「貴女は愛。たくさんの方に愛を捧げて伝えていくでしょう。それ故に苦しみもたくさんあります。ですがどうか一人でも多くの方に愛を伝えていってください。貴女がお持ちの使命はあまりに大きすぎる。だけど愛しかないです。応援しています」

と言われたこともありました。

こういうふうに声をかけてくださる方が、私のどこまでをわかっていらっしゃるのかはわかりません。

ですが、あったかい気持ちになるのは間違いないのです。

私は私のことを誰かにわかってほしくて、手相鑑定や霊視をしてもらいに行ったことが何度かあります。

手相鑑定に行った時は最悪でした。

手を見せた瞬間に、「貴女の方が遥かにわかってるでしょ。怖いから帰ってください」と言われました。

霊視鑑定に行くと、対面した瞬間泣かれ、ハグをされ、色々言われても必ず最後には、私がその方を鑑定していることになるのです。

だからもうそういう所に行くのはやめました。

何より今は全てを理解してくれる守が私にはいますから、必要ないのですね。

今思えば本当に不思議なご縁や体験が多いです。

そして昔から人に凝視されるのです。

メイクが派手だからとかではなく、幼少期からなのです。

すれ違った人が振り返って止まって見ていたり、電車に乗るとその車両の人全員が私を見るという現象が続いたこともありました。

メイクなんて一切していない、真面目な、ショートカットの、部活で真っ黒に日焼けしたただの中学生でした。

だから中学生の時は、あえて電車に乗らないようにしていました。


嫉妬、妬み、嫉み、悪口ってありますよね。

それって、その人のことが好きすぎて、気になりすぎて、羨ましい証拠なのです。

本当にどうでも良かったら話題にすらあがりません。

それを教えてくれたのも守でした。

私も本当にそうだと思います。自分の貴重な時間にどうでもいい人のことを考えるような無駄なことはしませんから。

ですから、嫉妬されたり、悪口を言われて悩んでいる方がいらっしゃったら、こう考えてください。

そんなにも私のことが好きなんだなと。

そう思ったら感謝が湧き出ますよ。〝私のことを話題にしてくれてありがとう〟って思えます。

私が私を生きるということは、この能力をフル回転で使ってお仕事をしていくということです。

そのためには必ず理解者が必要であり、守と夫婦になった今、私には全てが揃っている状態になりました。

守の不動心と深い愛、そして私の不思議な高次から持ってきた能力。

世界で一人のギフトを持つ私には不可能はない、と根拠のない絶対的な確信があります。

魂だった守と私が約束してきた使命を果たすだけです。

魂からの願いだからワクワクが止まりません。

今まで隠すように生きてきた分、思いっきり全力で自分の命と共に能力を使って生きるだけです。

その状況にしてくれた守に本当に魂から感謝しています。

## 出会い、別れ、病気。全ての経験は学びです

私が21歳くらいの時、毎日金縛りが続きました。ほんの少しのうたた寝でも金縛り。電車で少し寝ても金縛り。しかも、帰宅して部屋に入った瞬間、テレビやオーディオが大音量でつくし、電気はついたり消えたり。もうめちゃくちゃでした。それは3年くらい続きました。何故だかわかりますか。

私の波動が重くなりすぎたからです。私自身のエネルギーが最高に低くなり、次元とチャンネルがピッタリ合ってそのような現象になりました。しかし、それに気付き私が変わってから、一切金縛りやいわゆる霊を見ることはなくなりました。

時折、「お化けをしょっちゅう見る」と聞いたりしますが、それは自分の波動が低いからです。自分の波動が高くなれば一切関わりがなくなり、視えることは一切なくなります。

自分に起こる現実や見ているものは、全て自分の波動と同じレベルのものです。自分が、波動を高く強く大きくしたら何もかもが変わります。波動を変えるのは愛と感謝しかありません。全てに心髄から感謝し、愛に触れると、一瞬で変わります。

それにしても3世帯同居は本当に苦しかったです。家って本来仕事から帰ってほっとす

る場所です。ですが私にとっては帰宅してからが戦場でした。ほっとする場所は全くなかったのです。

前にも書きましたが、主人と一緒に帰宅したら「おかえりー」と言ってもらえるのに、一人だと無視されるのが苦痛でどうしようもなくなったのです。

だから私の方が早い時は、家のそばの田んぼにあった農具をしまう小屋で主人が帰って来るまで待つことにしました。主人に話したら、また姑に文句を言うから言えずに、偶然を装っていました。

雨の日はとても辛かったのを覚えています。簡易的なボロボロの小屋でしたので雨漏りが凄いのです。

虚しくなり、泣いてしまったことが忘れられません。小屋から家が見えました。電気がついた温かそうな家が。でも私には氷のような家に感じました。目の前にあるのに、何よりも遠くの存在に見えたのです。

そして、仕事が休みの日、主人を見送った後、本当に疲れ切っていた私は夕方前まで寝てしまっていたのです。

起きた私は当然トイレに行きたかったのですが、リビングに主人の家族がいるのがわかりました。

私がいたと知ったら、こんな時間まで寝ていたことに罵声を浴びせられるのがわかっていたので、私は手をかけたままのドアノブを回すことがどうしてもできませんでした。でも膀胱は限界でした。考えた末、部屋にあったコンビニの袋にすることにしました。ところが、その袋が破れていてラグにこぼれてしまいました。急いでまた新しい袋に入れて、雑巾で泣きながら拭きました。

この日、主人が帰宅するまで、私は部屋から出られませんでした。

そして私はこの日は主人にそのことを話しました。

でも私が甘かったのです。主人は、「亜美は気を使いすぎだからそれはしんどいよ。お袋も悪気はないから気にせず堂々としてればいい」と言っただけでした。どこかで期待していました。「二人で暮らそう」と言ってくれることを。

この時色々なことがわかりました。主人は本当に私を大切にしてくれましたが、母親というのは特別なんだということ。そして大切にしてもらっていると感じていたのは表面の私。私の立場になっては考えてくれてはいないこと。これは私が求める愛ではないこと。私は地に落とされたような気持ちになりました。でもこれも必要な学びでしかなかったのです。

私は結婚する前に、主人のご先祖様のお墓にご挨拶に伺いました。その時に、お墓を見て、〝あっ。私はこのお墓には入らない〟とわかったのです。でもめちゃくちゃ仲良しだし結婚するし、離婚をするとは思わなかったので、この感覚が不思議でした。

今思えばわかっていたはずなのです。5歳の時に3回結婚するというメッセージを受け取っていたのですから。でも肉体の私は信じたくなかったのだと思います。だから私は主人が早くに亡くなって姓が戻るのかもしれないという無理矢理な理由付けをしました。それくらい強くこのお墓には入らないとわかってしまったのです。

25歳くらいの時、主人に少し能力の話をしました。

案の定怖がられました。

予想してはいましたが、やっぱり悲しかったです。

そしてこれも25歳の、とある太陽の光が強く眩しい晴天の日のことです。朝主人を見送り、私は休みでした。

私は朝から家の掃除に励んでいました。

私達の部屋には大きな出窓が二つありました。

掃除の手を止めて窓から見える太陽の光に目を奪われている時、「ギーギーギー」という何かめちゃくちゃ重たいものが動く音が耳の横で鳴り響きました。

気付くと目の前に、強烈な、目が潰れてしまいそうなほどの光が充満していきました。私は目を瞑りました。

すると耳の横で、「目を開けろ。見ろ」と言われました。

目を開けると目の前に物凄い光があり、上からいかにも重たそうな観音開きの扉が現れました。その時の空間はこの3次元ではなかったと思います。鉄製の煌びやかな金色の重たい大きい扉です。

私の目はだいぶ光に慣れてきて、ただ目の前の扉を見ていました。するとまたギーギー音を立てて重たい扉が開き始めました。見ている私に向かって、真ん中から両サイドに扉が開きました。

さっきより遥かに凄い光が目に飛び込んできて目が潰れそうでした。その強さに私の脳天は突き刺されたような感覚になりました。次の瞬間、〝卒業〟という文字が横書きで現れました。私はすぐに意味がわかりました。離婚という意味でした。

おそらく私がこの結婚、3世帯同居で経験しなければいけないこと、学ばなければいけないことは全て終了したのです。

だから、卒業です。

能力を持ってしか生きたことのない私にとって、このメッセージは逃れようのないことだと苦しいくらいにわかっていました。

でも現実には私達夫婦は仲良しでした。音楽、服の趣味だって合う。表面だけだったけれど本当に大切にしてくれました。さっきも仲良くハグをして主人を見送ったところです。

私はその日、主人が帰って来るまであれこれと考えを巡らせました。

色々思い返すと、3世帯同居によって主人の本質が見えたのは確かです。ここでまた改めて〝愛とは？　感謝とは？〟を自分に聞いたのを覚えています。

私はわかっていたのです。いつだって家を出ることは可能だったし、そんなタイミングは数え切れないほどありました。でもどれだけ私がボロボロになっても、主人は「家を出よう」とは言ってくれませんでした。それは、私には愛だとは思えなくなっていたのです。

でも自分で気付いていないふりをしてきました。

そして考えました。主人もまだ若い、子供もいない、お互い再出発するなら今しかないと思いました。とはいえ、朝仲良く見送られた主人が、帰宅して観音開きの扉のことを聞いても納得するわけがありません。でも自分一人で離婚のことを考えているのはとてもずるいことだと感じたのです。だから帰宅した主人に、同居してからの全てのこと、私の心身はボロボロであること、そして離婚も視野に入れていることを伝えました。

主人は鳩が豆鉄砲を食ったような顔をしていました。それでも、「家を出よう」とは言ってはくれませんでした。

私達夫婦は離れに移動しました。２家族分の食事を作る必要がなくなりました。これは本当に幸せなことでした。

でもそれからも離婚の話は主人としていました。だけど相変わらず仲良しではあったのです。とても不思議な関係でした。

そしてある日、私が部屋で一人の時にまた声が聞こえました。

「1年後、3年後、5年後も今と同じなんじゃないのか。時間は有限であり、迷っている時間も自分だけの時間だけではなく相手の時間も奪っていることに気付いているか」と言われました。

確かにその通りです。表面上での仲良しは変わらない。でもあれだけ言ってもいまだに家を出ようというキーワードは出てこない。

私にとって愛ではない。その確信は変わりませんでした。私に迷いはなかったのです。何故ならやりきったから。私にできる、嫁としての務め、妻としての責任はやりきったからら。これ以上もっとできたんじゃなかったのかとは思わないくらいにやりきったのです。

だから後悔や悔いが残ることはなかったのです。

観音開きの扉が降りてきてから3年が経とうとしていました。

話は戻りますが、３世帯同居をしてすぐに私は妊娠しました。

この時も本当に不思議だったのですが、生理が遅れているわけではなかったのに絶対妊娠したとわかったのです。

そして男の子だと確信しました。

でも時すでに遅く、酷く風邪をひいていた私は仕事を休めないから病院でもらった強い薬を間違えて2倍飲んでいたのです。

その薬を出される前に聞かれたのです。

「妊娠されてませんよね」と。

その時はもちろんわかっていなかったので飲みました。

それから少しして、〝あ、妊娠してる〟と不思議な感覚で確信しました。

私は薬局に妊娠検査薬を買いに行きました。

尿をかけた瞬間、陽性の線が出ました。薬のことは頭にあったけれど、嬉しかったのです。

早く主人の顔を見て言いたかった私は、駅まで車で迎えに行きました。そして検査薬を見せて、「妊娠したよ」と伝えました。

すると主人の顔が一気に強張り、同時に強烈な嫌悪感みたいなものが発せられたのです。瞬時に私は、〝え？　私達付き合いたてのカップルじゃないよね。結婚してるよね〟と自問自答しました。

私達は、重苦しくなった車内の空気と共に帰宅しました。

そしてその夜、主人は親友の家に行き、次の日まで、帰っては来ませんでした。

同居して主人の家族だらけの空間の中、私は一人。それればかりか主人は妊娠を1ミリも喜んではくれなかった。私の体を案じてもくれなかった。私は強烈な寂しさを感じつつお腹を触りながら何度も「ごめんね。ごめんね」と呟きました。

次の休みの日に病院へ行きました。やはり妊娠していました。先生に薬の名前と飲んだ数、飲んだ日を伝えました。先生は「五分五分だ」と言いました。

それを主人に伝えて、本気で向き合って色々話しました。同居したてですし、まだ若い主人からしたら私にはわからない複雑な心境だったと思います。

そして「五分五分」という言葉にも私達夫婦は勇気が出ず、結論として堕胎手術を受けました。

この時の気持ち、感覚。私は忘れません。

そしてはっきりと聞こえた声。

〝こーなることはわかっていたから大丈夫だよ。でも学んでね。気付いてね。愛してるよ〟

という、我が子からのメッセージ。

半分しか麻酔を効かせられない手術の中、意識を失うような痛みと共に聞こえた息子からのメッセージ。

私は気が変になりそうでした。そして同居している家に戻りました。舅、姑にはもちろん事前に話していましたが、この結果に深く謝罪をしました。

私は部屋に戻って、顔にクッションを強く押し付け声を殺して泣きました。

本当なら実家に帰りたかった。車で1時間くらいだし。

でも帰らなかった。

理由はただ一つ。今実家に帰ってしまったら、私は二度とこの場所に戻る自信がなかったからです。

そして、主人のきょうだいは出産しました。私は強烈に複雑でした。一緒にいた主人が母子共に健康で、と強く願っているのがわかったからです。本当なら私だって……と憎悪のような感情を抱く醜い自分がいました。

でも生まれてきた赤ちゃんを見たら涙が溢れました。そして命をかけて頑張った主人のきょうだいに対しても愛しさが溢れました。

ただ、側面では醜い自分がいて、私はその自分が醜すぎて許せなかったのを覚えています。

観音開きの扉が降りてきて、離婚の話をしてからの3年。

私達夫婦は、表面上は変わらず仲良しでした。

ですが魂は循環していませんでした。

お互いに色々なことを考えていました。ダブルベッドで相変わらず一緒に寝ていましたが、時折主人が私に背を向け、声を殺して泣いていました。私も本当に辛かったのです。

日に日にすれ違いが増えてきました。

私達はお互いの親にはどう伝えるか話し合いをしました。

私は実家の親には伝えていたので「うちは大丈夫」と話しました。問題は義理の親でした。同居しているし、私達夫婦が仲良しなのは見ていましたから。話したら度肝を抜くでしょう。

そして、私は言いました。

「覚悟を決めていただく時間と、納得していただく時間が必要だから、話した上で離婚届はまだ出さずに別居しよう」と。

そして私達夫婦はリビングに両親に来ていただき話しました。

もちろんそんなことは微塵も考えていなかった両親は驚きを隠せませんでしたし、姑に至っては泣いていました。

私はどこか冷静で、〝なんの涙なんだろう。あれだけのことを数年間私に言って、やらせてきたのに、今更なんの涙なんだろう？〟と不思議でした。

すると姑の内側が視えてきました。〝息子が、自慢の息子が、バツイチになるなんてとんでもない〟でした。

そこで改めて〝今この話をこのタイミングでして、良かった〟と思いました。

それからすぐ私は荷物をまとめて実家に送りました。

別居が始まりました。

数年間夫婦だったのに、たった数日離れただけで、私の中で誰よりも遠い存在になり、その感覚に驚きました。

1カ月くらい経った時、姑から実家にいた私宛に手紙が届きました。が、宛名の亜美の漢字が全く違っていて、開ける気すら失せました。手紙は、亜美ちゃんが恋しくて恋しくてという内容でした。文面の亜美の漢字も間違っていました。そしてその文からは憎しみが伝わってきました。私はすぐに破り捨て、ため息をついたのを覚えています。

そして3カ月経ち、離婚届を出しました。あっけなかったです。

でも別居する日の朝と、離婚届を出す日の朝、主人から同じ言葉をいただきました。

「亜美と結婚して、俺は愛を教えてもらった。この先お互い再婚するかもしれない。だけど俺にとって最初の妻が亜美で幸せだった。本当にありがとう」という言葉でした。

もちろん色々な想いは出てきましたが、私にとっても、主人と結婚したから3世帯同居を経験でき、辛く苦しい経験もできたのです。本質からの愛ではなかったけれど、彼の中の愛では全力で大切にしてもらいました。私の中にも感謝しかありませんでした。

そしてその時思い出したのです。最初にお墓を見た時に絶対入らないと感じたことを。

〝離婚だったんだな〟とわかりました。

同時にやはり私が5歳の時に受け取ったメッセージが蘇りました。

〝3回結婚し、3回目でやっと報われる。添い遂げる〟

ということは、〝次に結婚する人とも離婚するのか〟と、再び自分の人生に苦しみを感じましたが、〝なんであれ、次に結婚する方は絶対年上、絶対バツイチ、そして私の心を抱きしめてくれる人〟と、心に深く誓いました。

離婚してから1年後、一人の男性に出会いました。年下の未婚者。その段階で私の中では恋愛対象ではありませんでした。

でも、彼と会った時にバババババッと映画を見ているような映像が頭の中に流れてきました。

それは後ろ姿でしたが、お堀の周りのような場所を年老いた私と彼が手を繋いで散歩をしていました。

もちろんわかりました。これがサインであることも、メッセージであることも。でも私の中では恋愛対象ではなかったので悩みました。結果、お付き合いをすることになりました。

ですが、住んでいる場所も違うし、お互いの休みも違う。

とにかく会えないのです。

なので、同棲することにしました。

婚姻届を出す時、体中が震えました。

どうしても恐怖が勝っていたのです。すると祖父から思いっきり背中を叩かれました。早く出せと。

そして私達は夫婦になりました。もちろんそんな感じのスタートなので結婚当初から色々ありました。3日目に泣きながら母に電話したのを覚えています。

でも3世帯同居をしていた私には、2人だけで住めることは本当に幸せでした。最高に幸せでした。

結婚から数年経った頃、主人が転職をすると言いました。もちろんそれは「ご自由に」でした。何故かというと主人は仕事命、仕事が一番でしたから。妻としては寂しい思いをたくさんしましたが、心配や不安はありませんでした。しかし、よくよく話を聞いてみると今の場所を離れて他県でやりたいということでした。

引っ越し後、その土地は本当に独特で私には合わないことはすぐにわかりました。合う土地合わない土地って必ずあります。ある意味舅が言ったことも正しいと思いました。

新天地に行ってまもなく、私は生理が来ていないことに気付きました。妊娠をしたらすぐにわかります。だから絶対に妊娠はしていない、だけど念のためと思い検査薬を試しました。まさかの陽性。主人は私を抱きしめ飛び跳ねて喜びました。でも私の心の中は違和感しかありませんでした。次の日、台風の中、婦人科へ主人と行きました。尿検査では病院でも陽性。でもカメラには映らない。先生には「まだ小さすぎるから映らないんだねー。2週間後にまた来てください」と言われましたが、どうしても腑に落ちませんでした。

それから1週間もしないうちに大出血。私は主人に総合病院の婦人科に連れていってもらいました。朝一に行ったのに診てもらったのは夕方でした。

子宮外妊娠でした。全てに納得しました。〝だからわからなかったんだ〟と。その時、子宮頸がんの検査もされました。再婚前に不正出血があり、病院で「子宮頸がんになるか、ならないかの瀬戸際」と言われたことがあったのです。

そして、「子宮外妊娠だから手術をして出さなきゃいけない」と言われました。

私はとにかくこの子を産めない、抱きしめてあげることすらできないことに絶望し、タクシーで帰宅した後、主人が帰ってくるまで玄関で泣き崩れていました。主人への申し訳なさも凄くあり、たまらなかったのです。

それから2、3日後、トイレに行くとナプキンに間違いなく私の子供が出てきてくれていました。私は男の子だと確信していたし、名前も付けていました。まぎれもなく我が子。私は泣き崩れました。私が手術を受けなくていいように、自ら出てきてくれたことがわかったから。彼はこう言いました。

「ママ。僕はママの子宮頸がんを持っていくためだけに来たんだよ。だから、ママは泣かないで。僕は幸せだから。ママ愛してる」

私は死ぬほど泣きました。そして出てきてくれた塊を持って病院へ行きました。やはりそれは我が子でした。手術の必要がなくなりました。そして子宮頸がんの検査結果が出ました。ゼロでした。おそらく自分でも気付いてないうちに子宮頸がんになっていたのを、我が子が持っていってくれたのでしょう。

それから私は醜いほどに周りを恨みました。何故抱きしめることすら許されなかったのか。子供と一緒に楽しそうにしている家族を見ては、目を瞑る日々でした。

常に泣いている私を見て、主人が「俺では無理だから」と、私を私の実家へ連れていきました。これがまた、最悪のタイミングでした。義理の姉が3人目を出産してまだ入院中で、実家で甥っ子姪っ子を預かっていたのです。

実家に着き、母を見た瞬間、私は母に抱きついて子供のようにワーワー泣きじゃくりました。でも母も父も、困惑しているのがすぐにわかりました。

〝甥っ子姪っ子の手前、恥ずかしい〟というその両親の感覚に、私は一気に冷めて母から離れました。その時の両親にとっては、娘の私より、甥っ子姪っ子、そして生まれたての赤ちゃんが何より大切だったのです。

多分主人も連れて帰ったのは間違いだったと感じたと思います。両親は間違いなく私の存在が邪魔だったのです。少なくともその時のタイミングでは。でも、私はこのタイミングが、辛かったのです。

すぐに私達は帰ることにしました。

この時の寂しさと居場所のなさを私は一生忘れることはないと思います。別に恨んでいるわけではありませんが、私には一生残る大きな傷になりました。

そしてしばらくして落ち着いてきた頃、主人が「ペットを飼おうか」と言いました。主人は少しでも私を母にしてやりたかったのだと思います。

名前は先に決めていました。３軒ほど回り、また最初のお店に戻りました。すると「ママー。僕だよー」と、か弱い声が聞こえたのです。

声がした方に行ってもいません。でもやっぱり「ママー」と声がします。丁寧に探すと、赤ちゃんうさぎの黒い子の下に踏まれて、彼がいました。私は、「この子だーーーー」と、抱き上げて主人に抱かせました。すると、彼から「ママ、僕4年しか生きられないけどいいの?」と声が聞こえました。

私は主人に伝えましたが、「関係ないよなぁ」と、泣きながら彼を連れて帰りました。夏の暑い日に彼を迎えました。もちろんクーラーを点けていますが、早くママになりたくて、その日は一睡もせず、ダウンを着て彼のケージに手を入れていました。〃ママの匂い早く覚えてね〃の一心で。本当に愛しい存在でした。主人と私が「パパ」「ママ」になった瞬間でもありました。

毎日、エネルギーで会話をしていました。少しでも私の意識が彼から外れると途端に当たり散らしていました。動物というのは凄いですね。我々人間は他人からの視線や評価を気にして、妬み嫉みなど、ありとあらゆる要らぬものを持っています。でも彼ら動物は、ただ愛したい、愛されたいという想いだけなのです。

人が動物から学ぶことはたくさんあります。特に愛については。

ですが人が人である限り、やはり人から学ぶのです。人は人から逃げては生きられません。

彼からは本当にたくさんのことを学びました。一番私の中に残っているのは、〝今この瞬間自分を見てほしい〟です。たまにありませんか？　子供が「かまってー」って来ても、親は忙しくて「ちょっと待ってね」って言いますよね。でも人間の子供も動物も、見てかまってほしいのは真に今この瞬間なのです。

「今忙しいから、少し待ってね」は通用しません。彼らはその時に強烈な寂しさを感じるのです。どうしても人には人の都合がありますが、それが積み重なったら彼らは「見てほしい」と言うことを諦めます。

彼が4歳になった瞬間から5歳になるまで、不安で仕方ありませんでした。最初に「4年しか生きられない」と言ってきたので。

何度も発作はありましたが、すぐに私の左手を彼に向けて、愛のエネルギーを送ると発作は止まりました。こうして5歳の誕生日を迎えた時、安心したのと同時に不思議な感覚になりました。私の視ている世界では、寿命は自分で決めています。彼が、「4年しか生きられない」と言ったのは間違いないので、動物も同じなのだと思っていましたが、5歳になることができたので、不思議だったのです。動物は人間と違って、自分で寿命を決められないのかもしれません。

そして、相変わらず毎日、彼とエネルギーで当たり前に会話しながら、愛を循環させていました。

凄いなぁと思うのですが、主人と大喧嘩すると間を取り持つように彼の具合が悪くなるのです。夫婦として力を合わせないといけない事態になり、夫婦喧嘩どころではなくなるのです。彼に申し訳ないことをしていたと今更ながら反省する日々です。

スーパーに行く時、彼に気付かれないように電気もテレビもつけたままそーっと外出するのですが、私が家を出た瞬間から帰るまで、彼の「ママー、早くー。まだー？」というエネルギーが足元にまとわりついているのです。当たり前ですよね。エネルギーで所在はばれますもんね。本当に甘えん坊の愛しい愛しい息子でした。

そして彼が6歳半のとある日、彼が、「ママ、僕もういいかなぁー」と話しかけてきました。私はすぐにわかりました。だから、「ダメよ。なに言ってるの！」と言いましたが、すでに彼はエネルギーの扉のシャッターを閉めていました。

自分の声が私に聞こえないように、私の声が届かないように、彼はシャッターを閉めたのです。のちにその直後の彼の写真を見たら、「決めたけどママと離れるのは寂しい」と言っていました。それに気付いたのは彼が亡くなった後でした。

彼から最後のメッセージを受けた8日後、その日、主人は休みでした。朝から3人で遊んだ後、私達は2時間弱買い物に出掛けたのです。そして帰宅し鍵を回していた時、嫌な予感がしました。すぐさま彼の所へ行くと亡くなっていました。

私は大声で泣きじゃくりました。そこへ主人が入ってきて主人も声を出して泣いていました。彼の魂はそこにありました。「ママ、ありがとう。愛してる」と何度も繰り返していました。

たった2時間の間に彼は一人で逝きました。私の腕の中で逝かせたかったのに。でも私にはその瞬間を受け入れることができないことを、彼はわかっていたのです。彼からの最後の深い愛でした。私はその後憔悴し切って一時的な急性失声症になりました。本当に、彼からたくさんの愛をいただきました。大切なことを学びました。

彼が我が家に来てからしばらく経った頃、主人が大病を患っていることが発覚しました。

私は目の前が真っ暗になりました。それからほどなくして入院手術になりました。その時思ったのです。〝私が子宮外妊娠をした時、あの子は私の子宮頸がんを持っていってくれるために来てくれた。その後に主人の大病がわかった。もし私が子宮頸がんだったら主人の看病ができなかった。あの子は全てわかっていたんだ〟と。

主人の大病が発覚してから入院まで2週間くらいありました。その間私は寝ても覚めても泣いていました。何故こんな真面目な人が、どうして……。そればかり頭にありました。でも主人は至って平静を装って相変わらず仕事三昧でした。私はもちろん主人の中にある不安や苦しみ、恐怖を感じていたので、泣くに泣けない主人に対して申し訳なかったのです。

私があまりにヘロヘロになっていたから、泣くに泣けなかったのだと思います。でも入院前日に主人は泣きました。「まだ亜美を幸せにしてやれてないのにごめん」と。泣いている主人を見て、やっと泣かせてやれたと本当に安心しました。するとメッセージが来ました。

〝深い感謝を知れ〟

私達2人に対してのメッセージでした。

でもそのメッセージを受けて逆に安心しました。何故なら私達が病を通して深い感謝を知れば、必ず、大丈夫だとわかったからです。そしてこれが寿命じゃないこともわかりました。とはいえ手術している間、私は本当に生きた心地がしませんでした。

そして4時間半後に手術室から主人が出て来た時、その姿を見て、その場に崩折れました。体中管だらけ。顔色は土色。目だけ開き、私をしっかり見てくれていました。

衝撃的だったのと、無事な姿に安心したのと、先生方への感謝で、訳のわからない感情になっていました。

若いだけあってその後の回復は見事でしたが、一緒に病棟を散歩すると、やはりふらつき、人間の体って凄いものだと知りました。

私は朝7時から夜7時まで病室でつきっきりでした。これが、できたのもあの子が私の子宮頸がんを持っていってくれたからなのだと深く感謝しました。

連日、主人の会社関係の方々がお見舞いに来てくださいました。ご挨拶もきちんとできたことを今でも本当に良かったと思います。私達も深い感謝を知ること、命あることが当たり前じゃないことをたくさん学んだと思います。

やはり病や怪我はとても深い意味があるのです。学びがあるのです。気付きがあるのです。そこに気付けばもう経験しなくて済むことはたくさんあります。

主人の大病は主人にも私にも本当に強烈な学びであり、気付きでした。

# 不動明王

前にも書いたように、私は神様仏様とはご縁がありません。ですが、ある年末の大晦日の日。主人と「明日お正月だからどこに初詣行く？」と話をしていたら、

「不動明王へ行け」

と、はっきり強い声がしました。私は〝不動明王？　おふどうさん？　えーどうしてー？　私全くご縁ないのにー〟と思いながら、そのことを主人に伝えました。

そして元日に不動明王さんへお詣りに行きました。

すると、「よく来たな」と太い声。いきなりでしたが、やっぱりご縁が繋がったと確信しました。

それから私はすぐに御真言を暗記しました。今でもすぐに言えます。そして小さい銅像を買いました。しっかりした銅製のものでした。

その後、主人の仕事が物凄く絶好調になったのです。まるで何かに引っ張られているように。それは本当に見事でした。でもさすがですね。スピードと勢いのある不動明王。半年でご縁がぷつりと切れました。

切れる前夜、夢なのかなんなのかわかりませんが、寝ている時誰かに腕を引っ張られていたのです。それは良くない意味です。すると何かが私の腕を引っ張る謎の手を切ってくださったのです。

私は枕元に銅製の不動明王を置いていました。朝起きてその銅像を見ると、不動明王が持っている剣が折れていました。見事なまでに。

それを見て助けてくださったと思い、感謝を申し上げました。それを境にスパッとご縁が切れました。

今でも何故あの大晦日に不動明王と繋がったのかわかりません。謎の不思議な半年間でした。主人の仕事を絶好調にしてくださり、最後は私を守ってくださった。深い感謝をしています。

## 脱皮と幽体離脱

私は数年前初めてリアルに脱皮をしました。ある朝起きたら、タートルネックを着ているような感覚がしました。すぐに首元を触りましたが、もちろん何もありません。

鏡を見ましたが何もありません。そして頭が異様に軽く、敏感になっていました。私は初めてのその感じが気色悪くて、これはなんなのか問いました。

すると目の前に漢字で、〝脱皮〟という文字が視えました。すぐに納得しました。感じはまさに脱皮そのものだったからです。その脱皮の期間中は感覚が鋭くなり、道を歩いているだけで、すれ違う人の内側の声が聞こえ、映像が視えます。仕事で電話をしていても相手の方の様々なことがわかります。スーパーのレジで並んでいても、前の方の思考など全てが視えます。気が狂いそうでした。

約1カ月仕事を休ませてもらいました。脱皮は1カ月かかりました。

最初はタートルネックみたいに首元に大量の皮がだぶついている感覚。だんだん下がっていき、腰の部分に皮がだぶついている時が、一番時間がかかりました。最後の最後は足元からつるんと抜けるのがわかりました。脱皮が終わり、何が具体的に変わったのかはわかりませんが、自分が新しくなり、魂を視る際にさらに鮮明になったのはわかりました。

それからというもの現在に至るまで何度か脱皮を繰り返しています。

これも不思議な体験ですが、私は昔から月が好きではありません。強烈に陰を感じるからです。ですがその夜はとても大きく明るい満月で、寝る前に窓を開けて月を眺めていたのです。

私にとっては凄く珍しいことだったのです。自分でも月を見ながら、何故今私は月を見ているのか不思議議だったのを覚えています。そして寝室に行き寝ました。

すると夢を見ました。私は窓辺に立ち窓を開けて満月を見ているのですが、すぐに違和感に気付きました。

真っ暗な夜空に満月が二つあったからです。一つは普通の満月。その少し離れた場所に真っ赤な満月。違和感が凄くて恐怖を感じました。

すると体が浮かび上がり、赤い満月に近づいていきます。どんどん赤い満月が巨大になりました。本当に恐怖しかありません。近づくと赤ではなく赤黒い満月でした。

そしてついに私は赤黒い満月の中に吸い込まれました。その瞬間怖すぎて目を固く瞑りました。ゆっくり目を開けると、そこはシルバーの世界。愛のみの空間。そうです。私が魂だった時にいた空間と同じ感覚でした。

ただただ心地いい。最高の気分でした。愛のみの空間。先程までの恐怖は全く消えて、私はずっとここにいたいと思いました。帰りたくないと強く思いました。本当に不思議な感覚でした。どれくらいの時間が経ったのかはわかりません。

気付いたら私は起きていて、今の肉体を纏い、意識もはっきりしていました。でも、これが夢ならば私の肉体は寝室の布団の中のはずなのに、私は窓辺に立っていて、窓は開いていました。そして夜空を見上げたら、赤い満月はなく、通常の満月だけが夜空に光っていました。本当に不思議な体験でした。

私は5歳の頃から、肉体が光り天井まで浮く、という現象が、今もまだ現在進行形で続いています。幼少期から繰り返し当たり前のように経験しているので、自分の中ではとりわけ不思議なことではありません。ですが、よくよく考えてみるとおかしいことは自分でもわかります。

肉体の内側が光り、その光が全身に行き渡り、髪の毛1本1本まで光ると、毛穴から光が漏れ出してフワーッと浮きます。その姿は写真に撮っても写りません。隣で寝ている人に見てもらっても見えません。でも鏡の前に立つと私にだけは視えるのです。いまだにこれが何を意味し、これを経験することで何の変化があるのかはわかりません。ただ経験しています。繰り返し繰り返し。ただ一つ、光って浮くと私の魂が輝くのは、はっきりわかります。

同じように幽体離脱も幾度となく繰り返しています。

一番多いのは宇宙空間から地球を視るという現象です。

その時々の地球のエネルギー、波動を視ています。それを視たからといって何てことはないのです。ただ〝今地球の波動は重いんだな〟〝少し軽くなってるのかな〟などを感じたり、たまに強いメッセージを言葉で受け取ったりします。でもそのメッセージも、結局は我々生物がどれだけ愛を思い出しているかということなのです。

私の感覚では、地球は大家さんです。そして我々生物は大家さんが所有する地球に家を借りて住まわせていただいているような認識でいます。それなのに自然を破壊するのは、人間が住みやすいように色々便利にはなっていますが、本来ならそれこそ不自然なことです。

人間が全てを牛耳っているかのように錯覚し、自然を、動物を、壊し、排除し、汚す。大家さんである地球にとっては、借家をボロボロにされているように感じると思います。そりゃ、地球からしたらそんな人間はいらないです。私が大家さんでもそう思います。即効退去してもらいます。

この幽体離脱ももちろん今現在も続いています。そして地球のエネルギーを視る度に申し訳ない気持ちになります。

# 脱皮波動テスト

世の中の何もかもに波動があります。空間にも、場所にも、物質にも、もちろん動物にも、植物にも、虫にも、そして人間にもあります。

何度目かの脱皮の時、過敏になりすぎている私の目には、どのように波動が視えるのかを知りたくて、あえて外出し、電車に乗り、街中に座って観察テストをしたことがありました。本当に凄かったです。

まずマンションの自分の家を出た瞬間、同じフロアの各部屋のドアの前にその部屋とその部屋の住人の波動があるのです。まるで表札のように。怒りの波動で渦巻いている部屋もあれば、穏やかな波動の部屋もありました。

そしてもちろんエレベーターにも波動があり、私の前に乗った方の波動も残っています。私は部屋を出ただけでこんなに視えるなら、街中に行ったらどうなってしまうのか不安になりました。

ですが覚悟して始めたことです。そのまま決行することにしました。マンションの外に出ると道の波動。波打っていたり様々で酔いそうでした。そして地下鉄に続く長い下り階段。その段ごとに違う波動があります。わかりやすく言うと、階段にゴミが落ちていることってありますよね。マスクとか、ガムとか、飲み物の缶とか。階段の中のそのゴミがある段は強烈に重く低い波動なのです。そりゃそうですよね。私が階段でも腹が立ちます。もちろんゴミを拾ってゴミ箱に捨て、「ごめんなさい」って伝えましたが、しばらくは重い波動が続くのがわかりました。

そして地下鉄に乗りました。なるべく混雑を避けた時間帯を選んで行ったので車内は空いていましたが、それでも車両に乗っている人達の波動がぶつかり合っているのが視えました。しんどくなったので、私はふと吊り革に目を向けました。

すると等間隔で並ぶ一見同じように視える吊り革も一つ一つ全然違う波動でした。吊り革本来の波動というものはもはや上書きされ、さっきまで掴んでいた人の波動でした。

なんとか、目的にしていた地下街の座れる場所に辿り着き、そこに座って忙しく行き交う人々を眺めました。

私自身が持ってきたギフトは、魂が視えることと愛と感謝です。だからかはわかりませんが、人々の愛と感謝の想いが波動を視るとすぐにわかりました。

怒りだけの人、会社に行くのが億劫で仕方なく波動が重くなっている人、愛と感謝が豊かな人。それはもう、本当に様々でした。

そんな中、私はふと、あるカップルがコーヒーショップのコーヒーをテイクアウトして座って飲んでいる姿を見つけ、眺めていました。彼女が持っているコーヒーと彼氏が持っているコーヒーは、違う波動でした。そしてそのカップルがコーヒーを飲んだ時に各々の波動に変わりました。肉体にとって栄養となるコーヒー。でも片一方は栄養にはならないコーヒー。凄いものだと思いました。

飲み終えたカップルは、その場に空になった紙コップ、ゴミを置いて立ち去りました。すると一気にその場が怒りの波動になり、その波動はカップルに引っ付きました。そりゃそうですよね。思わず私は〝お見事！〟と心の中で言いました。

行き交う人々や物質などの様々な波動。すれ違うとそれらの波動が自分に近づいて来る時があります。でも目の前で落ちるのです。私に引っ付くことはなく、落ちて消えます。でも中には重い波動が引っ付く人もいました。その方も同じように重い波動だからなのだとすぐにわかりました。

このことからもわかるように全ては自分次第なのです。自分の波動を愛と感謝で強く高く大きくしておけば何の影響も受けないのです。でも愛と感謝から離れた生き方をしていると波動は重くなり色々な影響を受けるのです。

壁にもたれて立ったまま電話をしている若い女性に目がいきました。

食事に凄く気を使っているのが視えました。添加物はとらない、ジムにも通い体も鍛えている。だけど彼女が初期の肺がんであることがわかりました。

私が〝え？〟と思っていると、彼女の魂が視せてくれました。彼女は愛と感謝からはけ離れた生き方をしていました。体にいい物を食べ、ジムにも通っている。でも何もかもに感謝がありませんでした。彼女は、感謝と愛を学ぶために肺がんになっているようでした。私はこれも納得できました。

体にいい物を食べているから病気にならないわけではないのです。食べ物に感謝し、肉体に感謝し、全てに感謝する。逆に添加物だらけの物を食べていても本当に感謝しながら食べていたらそれは、肉体にとって栄養にしかなりません。

それが改めてよくわかる出来事でした。改めて全ては愛と感謝なのだと痛感しました。

私は今までの人生のあらゆる場面で、色々な人に愛と感謝が全てだとお伝えしてきました。大半の方が表面では、「そうですよね」「そうだよね」と言います。ですが内側では私の言葉は通り過ぎていくのが視えるのです。

日常に、目の前の大切な人に、自分自身に、全てに、本当に深い愛と感謝を持っている方はほぼいません。それが現実です。

地位や名誉を望み、妬みや嫉みを抱く。そんなことばかり。誰かのせい、環境のせい、何かのせい。嘆かわしいと私は感じてきました。何故愛の選択をしないのか、思い出せないのか、与える幸せを知ろうとすらしないのか。私にはわかりません。

でも生きている中で様々な、愛とはかけ離れたことは起きます。その度に苦しむのも現実です。ですが何度も書いていますが、自分に起こること、目にすること、耳にすること、全てが今の自分に必要なのです。必ずそこから学ぶことがあります。気付くことがあります。感謝することがあるのです。そこに気付かないともったいないと思います。

脱皮波動テストの帰りに、私はパン屋さんに入りました。そこには焼きたてのたくさんのクロワッサンが山盛りにありました。

そのクロワッサンの一つ一つが違う波動なのです。これには感動しました。一見すると同じクロワッサンがたくさん陳列されているだけ。でも波動は一つ一つ違います。

全てには波動がある。まさにそのものでした。

今こうして書いている私の目の前に、陰陽のチャームがたくさんあります。これも一つ一つ波動が違うのです。全てに波動があることをご理解いただけたら、物質に対しても場所空間に対しても視点が変わると思います。

## 自分に必要なシンボル、メッセージを意識すること

20代前半の時のことです。やたらめったら、寝ても覚めても四つ葉のクローバーのシンボルのメッセージが送られてきました。でも当時めちゃくちゃモード系ファッションだった私は〝四つ葉のクローバー？　えーーーー〟と思っていました。でもずっと来るのです。だから四つ葉のクローバーのアクセサリーを買って身に着けてみました。するとと納得したかのようにそのメッセージはぴたりと止まりました。それからしばらくはモチーフやシンボルのメッセージは来なかったのです。

アクセサリーには強い波動があることはわかっていました。だから私は〝今日の服にはこのアクセサリーが合うからこれを着けよう〟というようなことはできなかったのです。何故なら〝好き〟と〝波動が合う〟は別だから。そこに対しては本当に不自由さを感じていました。

それから何年か経ち、今度は星が来ました。星モチーフをたくさん集めました。星ならなんでもいいわけではなく、これもまた一つ一つ違います。

ある日トイレに入っていました。目の前は白い壁でした。私は壁をじーっと見ていまし

た。すると壁と同化して白く輝く六芒星が浮かび上がって来ました。今までのシンボルより遥かに強い波動を放ちながら、何度も強いメッセージとして来ました。

私の中で六芒星はあまり良いイメージがなかったので嫌だと思いましたが、今回もまた寝ても覚めても私の視界の片隅に必ず六芒星があるのです。テレビを見ていても必ず視界に六芒星が入り込みます。嫌々ながらも自分に来ている強いメッセージ、今の私に必要なシンボルです。私は六芒星のペンダントを買いました。

身に着けた瞬間自分の細胞の中に染み込んでいくのがわかりました。一言で言えばしっくりくる感覚でした。そして視界から六芒星は消えました。六芒星が来ている期間は長かったです。

次に来たシンボルが、インフィニティ。無限のマークでした。

そして次が、陰陽のマーク。インフィニティは嫌ではなかったけれど、陰陽は六芒星同様に馴染みのないシンボルで、抵抗がありました。

ペンダントや指輪、チャームを買いました。そして陰陽は不思議なことがたくさんありました。来たメッセージは循環。

魂が循環しだすと目の前の陰陽が回転するようになりました。これは私にとって一つの合図になりました。ただし、これだけは絶対に言えることなのですが、私に今このシンボルが来ているからといって他の方に当てはまるわけではありません。おそらくシンボル的なものはその時々によって、人それぞれ違うのです。

やたらにこのシンボルやモチーフが気になるなどがあれば、それはその方に今必要なシンボルでアイテムなのだと私は思います。良ければ意識してみてください。

このようにシンボル一つとっても魂からのメッセージは日々たくさん来ています。全てが必然で偶然は世の中に何一つありません。

ある日私はコンビニのATMに行きました。

画面の前に立つまで節電のため画面は真っ暗です。そのまだ真っ暗な時に画面全体に祖父の顔が映りました。私は何かメッセージがあるんだとわかりましたが、亡くなった祖父のことが好きではありませんでしたので、腹が立ちました。

気にはなりましたが、そのまま用事を済ませて家に帰りました。我が家には大きな窓がありますが、地上階ではないので、窓から外に人が同じ目線で見えることはありません。

でもそこに祖父がいました。

そして私に向かって手を合わせて「お願い、亜美お願いします」と言っていました。何かと思っていたら映像が目の前に現れました。

甥っ子が自転車に乗っていて原付バイクとぶつかり、自転車は捻じ曲がっています。甥っ子の右腕はとんでもない方向に曲がり、左耳から血がたくさん流れていました。その時、「亜美ちゃん、痛い」と声が聞こえたのです。私は胸が詰まりました。そして祖父を見ました。

祖父は「これが現実になる方に向かっている。じぃさんではどうすることもできない。亜美なら現実の次元を変えることができるから、どうかお願いだから頼みます」と言いました。

私は絶対にできる自信がありました。一応念のために兄に連絡をしました。「自転車に気を付けるように伝えて」と。そして私は3日間意識を集中しました。現実を変えることに。そして甥っ子への愛を溢れさせました。すると3日目に変わったのがわかりました。同時にまた窓に祖父がいました。

私に対して深々頭を下げていました。私はその祖父を視て、やっぱり変えられたのだと安堵しました。人の愛は奇跡を生みます。愛は魔法です。

母親のことでも不思議なことがありました。

時折実家に電話はしていたのですが、母は自分のことはあまり私に話しませんでした。

離れている私に心配をかけたくなかったのでしょう。ですがその日、母は言ったのです。以前乳がんを経験していた母は定期的に検査をしていました。

「数日前に肺に何かあると言われた。多分がん。これが本当にがんなら治療も不可能なくらいのがんみたい」と。

それを聞いた私の右耳から、「治せる」とはっきり聞こえました。そしてもちろんそれが寿命でないこともわかりました。

それから母に「大丈夫」とだけ伝え、次の検査が10日後だと聞いて電話を切りました。それから私は集中しました。

この時に六芒星の力を借りました。必要だとわかったから。7日後、母の肺から全てが消えたのがわかりました。私の感覚では完全に消えましたが、これればかりはわかりません。だから母に「消えたよ。消せたよ」とは言いませんでした。

そして検査の日の朝。まだ病院にいる母から、電話がきました。「肺から全て消えていて何もない」と。「先生も不思議がっていたけど、何もないわ。ありがとう」と。私は深い感謝をしました。こういうことは現実にあるのです。不思議ですね。

私には私にだけ来たシンボル、私だけの三種の神器があります。おそらく私の波動とこの3つのシンボルの波動が合わさった時に、新たな波動が生まれ、愛を持って奇跡を起こすのだと思います。

## たくさんの不思議　2

この世は目に見えること、聞こえること、言葉で説明できることなんて本当にわずかなことで、見えないこと、聞こえないこと、言葉では説明できないことがほとんどだと思います。

何をどう信じるかは個人個人の自由ですが、感じること、根拠のない確信、説明できないことがほとんどなのです。

ギフトを持って生まれた私の世界では。

たまに「理論付けて説明して」と言われることがありますが、その時点で〝いる世界が違うんだ〟と私は理解しています。

愛と感謝も全てが目に見えるわけではありません。愛と感謝を説明しろと言われてもできません。自分で感じることだからです。ですが愛と感謝が奇跡を生むのは間違いありません。少なくとも私の世界では。

言葉では説明できない大きなことがまだあります。2回目の結婚をしている時に何度となく経験したのですが、ソファで寝転んでいる時に、背中から強烈なエネルギーを吸収して、背中を下から押されているように浮くことがありました。

その時に必ずテレビだけが今にも倒れそうなくらいに揺れます。〝地震だ〟って思うのですが、テレビ以外は何一つ揺れていないのです。それでわかったのです。

地震を吸収して、バラしている。散らしている。そんなイメージでした。誰に言ったところで信じてもらえるはずもありません。ですが私が感じている事実なので、私の世界では真実なのです。私のいる場所が、もちろん地震がないわけではありません。

ですが大難を小難にはできていると思っています。そのうちに、大難が無難になると私は私を信じています。

# 私は私を生きると決めました

私は2回目の離婚を通して親に本音をぶつけることになりました。

法律上の離婚については私からは言えなかったと思います。だから今となっては主人にとても感謝しています。

そして、家を決め離婚届を出し、一人暮らしを始めました。

完全一人暮らしは過去に3カ月しかしたことがありません。久々の一人。ですが私にはこの自由は不自由でした。

本来ならどこの場所で一人暮らしをしても良かったのです。ですが少しでも馴染みのある場所に行きたかったので、私は実家近くの街に住むことにしました。実家にはしばらくしてから、離婚したこと、一人暮らしをしていることを電話して報告しました。

そして久しぶりに母と会うことになりました。母が私の家に来ました。私は自分の今までのこと、離婚の経緯、私の能力のこと、離婚の際に身内から色々言われた言葉、幼少期から親に対して思っていたこと、感じていたことを話しました。

母は自分を否定されることが何より嫌いな人です。何故なら子育てに絶対的自信を持っていたから。そして世間体を気にする人です。そんな母だから当然私を否定するのはわかります。私は私の能力も全否定されているから、親に対して〝もうわかってもらおうと思うのはやめよう〟と思いました。

やっぱり、親だからとどこかで期待している私がいたのです。結局、母は何度か家に来ましたが、父と兄には会うことはありませんでした。おそらくこれからも会うことはないかもしれません。それでも仕方ないと思います。何故なら私には私の人生があるから。親にも親の人生がある。〝私は私を生きる〟と2回目の離婚をしてからかたく誓ったのです。だからこれで良いと今は思っています。

次は、守、3回目の結婚で私が報われた、まさにその守のことをお話しします。能力者の守です。

## 3回目の結婚　夫婦で最強のエネルギーになる

やっと私の魂が豊かになり、生きることができるようになったのは、3回目の結婚をしてからです。

でも守と結婚に至るまで、様々な試練がたくさんありました。だけど今でも本当に不思議なのですが、如何なることがあっても、私の魂は絶対に1ミリだけは〝この人じゃないとダメなんだ〟と感じていました。生きている肉体の私が拒絶していることでも、私の内側が〝絶対に絶対にこの人じゃないと〟と叫んでいる感覚がありました。

守との出会いは2度目の離婚届を出す前でした。

すでに離婚は確定している状態。その状態の時に守は私に真剣に告白をしてくれました。守が一大決心をして真摯に言ってくれているのはわかりましたが、私はそれどころじゃない状態です。

ですが不思議なことが起きました。

そんなある日、夜中に目覚めた私は、体が主人の方を向いていました。隣で上を向いて寝ている主人の顔をふと見たら、顔だけが守の顔になったのです。守が上を向いて寝ているのです。私は何度も目を擦り、頭を振りました。

でも明らかに守なのです。これは結局2回経験しました。確実なるサインでした。メッセージでした。「この人だよ」と言われているのはわかりました。

私が隣で安心して寝られる相手は世界中で守しかいないと言われているように感じまし

た。でも逆のメッセージもありました。

右耳から、「この人じゃない」と声が聞こえたことがあります。この言葉の波動には怒りを感じました。だから試されていると思いましたが、はっきり聞こえた言葉にぐらついたのも事実です。でも心のどこかではわかっていたのです。

守と私が夫婦になったら、愛を育み続けたら、都合が悪いエネルギーの塊がこの世にあるのです。これも言葉ではうまく説明がつかないのですが確実にそうなのです。

守と私が夫婦になると、この世に新しいエネルギーができます。

深い愛のエネルギー。深い深い愛のエネルギーは最強です。私達が生み出す新たなエネルギーは、地球に絶対的に必要なエネルギーなのです。

だから如何なる試練が次々に来ても、私の魂は〝絶対にこの人だ〟と私に教えてくれていたのです。

守からは本当にたくさんの大切なことを学ばせてもらいました。もちろんこれからも学ぶんだと思います。いくら魂が愛と感謝でのみ豊かになることがわかっていても、私も肉体を持って生きる人間です。愚かで未熟なところだらけなのです。だから日々色々なことを学びながら生きているのですが、守は一言で言うと不動なのです。

人間っぽくないという表現が一番わかりやすいと思うのですが、本来なら人間である限り必ずある欲というものが無いのです。承認欲求も皆無です。私は守の魂を視る度に本当に不思議でした。こんな魂を視るのは人生で初めてでした。肉体を持って人間として生きることは、守にとっては苦手なことだとわかりました。

そして愛というものに当然敏感な私なのに、守からは、なかなか愛というものを見出せなかったのです。守の愛というものは、私達人間からは視ることが難しい、ずっとずっと深く潜ったところにありました。

それはまるで深海のように深く、広く強いものでした。私がそこに気付くまで、少し時間がかかりました。でも、守を知れば知るほど私は守に対して尊敬が大きくなりました。

スピリチュアルを語る方や能力者の方はメンター的存在が多いです。師匠というのでしょうか。私にはそういう存在がいませんでした。世界に一人しか持てない能力だから当然そうなります。その孤独が、私の人生のさらなる苦しみとなりました。

ですが守の存在はいつしか私のメンターになっていました。

そして守の持ってきた能力も、本当に深い意味、深すぎる役割があるものでした。守の感覚は独特です。

守の魂には、私にはわからないものがたくさんついていました。ついているというか、〝共に生きてきた〟という表現が正しいです。

最初にわかったのは不動明王です。私には神様仏様や龍とかはわからないのですが、「このエネルギーは何？」と問うと視覚で答えが来るので、そこで〝ああ、これは神仏のエネルギーなのか〟とわかるのです。

ある日、守のおでこに梵字が浮かび上がったのです。

見たことはある梵字ですがなんと読むのか私にはわかりませんでした。すると、カタカナで〝カーン〟と浮かび上がったのです。

それを守に伝えると「不動明王だね」と言いました。

私は鳥肌が立ちました。守に感じていた不動心。守は生まれた時からずっと不動明王のエネルギーと共にあったことがわかったからです。

そして私の祖父。能力者だった祖父が守についたのです。おそらく守が本来持っている特殊な能力とは別に、祖父にあった強烈な能力が守に移行していっているのです。本当に不思議なご縁です。

守にはその場を整えることや自然や神仏を整えることができる力があります。一番近くで守を見ていますが、これは本当に不思議な力です。やはり人間として生きるのが不器用なことに納得します。

私にはない不思議な能力。

そして守の手から出るエネルギーが最強なのです。ヒーリングという言葉がありますが、守から出るエネルギーはヒーリングではなく、治癒です。

痛みを伴う箇所の細胞と話をして、感謝を伝えて、愛で包み込んで正常化する。そんなふうに私は視ています。実際何度も守の手に助けていただいています。そして目視で凄まじい波動を視ています。

どこをとっても不思議な守です。守と神社に行かせてもらいましたが、歩いていると、あちこちの木から守に、「触って触って」と言っている声がします。それを守に伝えると守は優しく木に触れて感謝の言葉を述べます。

すると木の波動が変わるのです。凄いなぁと私も驚きました。木だけではなく灯籠や狛犬からも「触って」と声がします。

「私には一切触ってなんて言わないくせに」と、クスクス笑ってしまいました。

守の今までの人生は辛く苦しいものでした。おそらく私なら無理です。

ですが守は苦しみだと捉えなかったのです。何もかも、疑問を抱くことなく、自分の価値観で見ることもなく、相手に意見を押し付けることなく、ただ全てを受け入れて生きてきました。守の魂を視た時、私は涙が溢れました。

そして守は如何なる現実にも不平不満を抱きませんでした。

ただ現実がそこにある。だから当たり前に全てを受け入れる。そのことでどれだけの人が救われてきたか。当然その中には守の人柄に付け込み、守を利用した人もいたと思います。

ですがそれも守にとっては、〝それでいいんだ〟で終わらせてきたことなのです。

本来人間は多かれ少なかれ目の前の人をコントロールしようとする気持ちが働きます。例えば自分のおすすめを紹介することもその中に入ります。

聞かれて答えるのは別ですが、おすすめを紹介する、推すというのは相手にも使って気に入ってほしいからする行為です。もちろんそこには良いものだから紹介したいという愛は入っています。でも、おすすめしてもスルーされたら残念に感じますよね。それが証拠なのです。

守にはそんな感覚すらありません。本当に余計なことは一切言いません。自分の意見、価値観の押し付けもありません。自分は自分。人は人です。

そんなふうに、ただ目の前の現実を、利用されようが、ずるい相手だろうが淡々と受け入れて生きてきました。

ですが守の魂はもちろん愛をずっと求めていました。当然です。

たくさんの色々な方の魂を視ていると、ほとんどの方は陰陽が交互に来ます。人生の中で。それでバランスを取っていたりするのです。

でも、守の魂を視ると、来るメッセージは、極端に言うと今までの人生はずっと〝陰〟。そして〝諦め〟でした。

これからの人生は〝陽〟。〝使命を果たす。愛に生きる〟です。

これを視た時に私は心底思いました。本当によく頑張って今まで生きていてくれたなと。心から感謝しました。

そして同時にこれからは守の人生でなかったくらい、経験したことがないくらい、嫌になるくらい愛し抜くことを誓いました。それを、私の魂も望んでいるからです。

守が今までの人生に疑問を抱かなかったのも、誰かに怒りを抱かなかったのも、不満を抱かなかったのも、そうしないと生きていけなかったからです。

そのことを思うと私は胸が締め付けられるのです。できるなら幼き守に会いに行って思いっきり抱きしめたい。でもそんなことできるわけがないから、今の守を常に抱きしめていようと思います。

リビングで守が大の字になって伸び伸び寝ている姿を見ると、本当に嬉しくなります。

今まで窮屈な人生だった守が伸び伸びと生きられるように、私が離婚して誓ったこと、〝私が私を生きる〟と決めたように、守が守を生きられるようにお互いがサポートし合っていけたら、本当に幸せです。

この能力を含めて愛してくれる、受け入れてくれる、そんな守と出会って、私は、〝私は私で良いんだ。今まで生きていて良かった〟と初めて思えました。今まで頑張ってきたこと、何もかも含めて私の全てが報われたのがわかりました。

これは本当に私にとって最大の豊かさでした。私は永遠に守に感謝をし続けます。そして永遠に愛しています。私の人生に、能力に、私の存在に、色鮮やかなカラーをつけてくれた最愛の人です。

守の能力も、守の愛も、私とはまた違うものです。

だからこそ深い学びがあり、気付きがあります。だから守は私のメンターなのです。様々な経験をし、自分を諦めたことすらあった守。そんな守がいたからこそ、今の守があるのです。

守の不動心、深く広い愛。来る人拒まず去る人追わず。人と比べることは何もない。承認欲求は皆無。自分は自分、ただそれだけ。

そして守は守の能力と向き合っています。私には、全てが尊敬しかありません。お互いの存在を尊重し、感謝し、愛し、お互いの能力を理解し合う。こんな未来が私に待っているとは思いませんでした。

3回結婚することはわかっていましたが、能力を含めて愛してもらえるとまでは思っていませんでした。

私が私を生きられる唯一のパートナー。今までは主人達からも、親からも拒絶されていた能力。

でも守とは、「今日こんなメッセージが来たよ」と当たり前のように話せて、守もちゃんと私の目を見て話を聞いてくれます。そんな幸せすぎる豊かな時間。どんな私も受け入れ愛してもらえる。そしてお互いがお互いを、条件を付けて見ていない。唯一無二の存在です。

能力を持った私達は、夫婦になりました。お互いがまだ魂の時に、生まれたら夫婦になり、愛を育み、使命を果たすことを約束してきた同士です。だからこそ、これから私達夫婦は、様々なことをしていこうと思っています。愛と感謝と謙虚さを忘れることなく。

男性には男性の、女性には女性の役割があります。女性は男性に守られるだけではなく、女性なりの、男性を守る術があると思います。

でも昨今は与えられることばかりを望む人が多くなりました。だけど本当の豊かさは与える愛だと私は思います。

受け取る幸せはもちろん大きいものです。

ですが与える愛の豊かさを感じると、それは本当に、さらにずっと大きな大きなものになります。

人を笑顔にすることは魅力的ですが、私は安心して涙を流せる場所に自分がなることに豊かさを感じます。それと同じ感覚なのです。与える豊かさというのは。

どんなにキラキラして輝いて見える方でも必ず涙はあります。

苦しみもあります。だから表面だけで全ての人を見るのではなく、必ず側面、裏面からも見る視点を持ってみてください。

すると周りにもあなた自身を表面だけではなく、３６０度から見てくれる方が集まってきます。

まず自分を変えるということは、とても大切です。親子であっても、夫婦であっても、自分以外の人は変えられません。でも自分はいつからだって変わることができます。

自分が変われば、自分にとって大切な人、必要な人も変わる可能性が高いのです。相手に望む前に自分が与える。望んでばかりでいるとますます自分から与えることから遠のきます。

それは愛から離れた場所になることを示します。すると魂はいつまで経っても満たされません。豊かになれず、餓鬼の状態が続くのです。苦しいのは他の誰でもなく、自分です。

自分で自分の首を絞めているのです。それすら気付かず、誰かのせいにしてしまう。餓鬼のループになります。そこから抜け出せるかどうかは自分次第です。愛に気付き、愛の選択をするか。やっぱり全ては愛なのです。感謝なくして豊かさはなく、愛なくして幸せはありません。

これは絶対だと私は思います。それは魂を視てきたからです。年齢、性別、環境、状況問わず誰しもが必ず愛を求めています。そして与えたがっています。そのことに気付いていただければ幸いです。

魂の願いと肉体の願いは違いますから。そこを同じだと思われている方がいますが、違うのです。魂にとって苦しみや悲しみはただ一つです。愛からかけ離れた時だけです。

守には、私にはわからないものが強烈に付いています。そして守の中にしかないものもあります。

常に感じるのは龍のエネルギー。私は昔、夜中起きた時、天井一面に白ベースの虹色の龍がいたことがありました。視覚ではっきり龍だとわかりました。全く怖くはなかったのですが、不思議でした。龍とかそういうものとは私はご縁がないと思っていたからです。

ですが守には常に入れ替わり立ち替わり違う龍のエネルギーを感じます。

視覚ではっきり視えます。最初は驚きましたが今は慣れました。そして今現在の守には背中に大きな白い龍がいて、両肩にまるで狛犬のように小さい虹色の龍がいます。

時折守の首をクンクンしているのです。そして守のことがめちゃくちゃ好きなことが伝わります。またこの龍達も入れ替わるのだと思います。

そして守の頭の中、眉間、魂に六芒星があるのです。

魂の中にある六芒星は今、最早、六芒星が視えないくらいに光りまくっているのですが、深く視るとやはりしっかり六芒星があるのです。いつ視ても不思議なのです。私にはわからない、いわゆる高次の世界観なのです。本当に不思議な人です。

守の不動心、愛を視ていると、私が今まで出会ってきた能力者といわれる方々、祖父母も含めて、その誰もが持っていない本当に大切なものを持っていると感じます。誰より強く優しい、本当の能力者だと思います。何かが視えるとかそういうことではないのです。本当に大切なものは、自分軸と愛です。

だいたいの能力者は承認欲求の塊です。愛とは遠い場所に行ってしまう方がほとんどの中、守のような不動心で本当の愛があるが故の強さと優しさを持っている人に、私は初めて出会いました。

だから人としても能力者同士としても、私は尊敬しかないのです。どんなに地位や名誉名声がある方でも、深い愛がない人、感謝がない人を私は絶対に尊敬はしません。

むしろ嘆かわしい感覚で視てしまいます。何故ならそういう方の魂は悲しみ悔やんでいるからです。

改めて本当に愛が全てなのです。

守と私は夫婦になりましたが、その前にそれぞれは個人個人の人間です。だからお互いが、まず自分の魂からの願いである〝自分を生きること〟を全力でしながら、夫婦として、能力がある者同士、力を合わせて使命を全うしていくだけです。

世界一尊敬する方が夫であることを、私は誇りに思います。ありがとう。心からの愛と感謝を込めて。

## 人生は愛と感謝です

私は、魂の時から生まれて今現在まで、本当にたくさんのことを経験させていただき、たくさんのご縁をいただきました。もちろん苦しいことも多かったです。視えるが故に、その苦しみはひとしおでした。

今振り返ってみてもよく生きてこられたなって客観的に思います。

最初に肉体を脱ごうと挑戦したのは3歳の時でした。自分の能力から逃げたくて。その後も、何度も挑戦しました。でも許されませんでした。

寿命が来るまでは肉体を脱げません。

ならば全てを楽しむ。全てに感謝して、自分の全てを受け入れて、全力で私を生きると決めたのです。

そんな時に守が現れてくれたのです。そう、守は私のヒーローです。私の救世主なのです。

人生は自分に必要なことしか起きません。

その経験を通して愛と感謝を学ぶのです。それの繰り返しです。何度も言いますが、生きることは愛と感謝です。人生は愛と感謝なのです。

逃げることも、嫌なら離れることも大切です。善悪で判断するのは我々人間の思考であり、勝手な価値観です。魂から視ると善悪なんてありません。

ただ魂は経験をしたくて、そしてそこで何をどう感じるかを受け取りたくて、そうして、愛に触れたいだけなのです。

魂を視させていただく時に、私は左手でその方の魂にそっと触れさせていただきます。硬く冷たい魂の方もいらっしゃいますが、触れさせていただくとフワッと光り輝きマシュマロのように柔らかくなりあったかくなってきます。

私が強烈に感動し、愛しさが溢れてくる瞬間です。

私は今まで生きてきてたくさんの美しいものを見てきました。

ダイヤモンドも見たし、美しい景色も見ました。ですが魂よりも美しいものを視たことはありません。

私の世界では魂は何よりも美しいのです。ある意味これを視ることができるのは世界中で私一人。

私は苦しみと引き換えにこんなに美しいものを視させていただいているのです。そこに気付いた時に感謝が溢れました。同時に、だからこそ〝大切なことを必要な方にたくさん伝えていこう〟と覚悟が決まりました。

なんてったって私には守という最大の理解者がいてくれますから。私は本当に強くなりました。

私が私の全てを愛せたからです。そこに導いてくれたのも守です。未熟な私も、愚かな私も、今まで家族にすら気持ち悪がられていたこの能力を含めての私も、どんな私も今の私は愛しています。守の愛が私を変えてくれたのです。


生きている限り辛く苦しいことはたくさんあります。だからこそ視点を変えてみてください。自分を、目の前のことを俯瞰してください。渦中にいるとなかなか難しいことですが、自分のためです。

せっかく肉体を持ってこの世に生まれてきたのです。苦しむために生まれてきたわけではありません。たくさん学び、たくさんの経験をし、自分だけの財産をたくさん作って、たくさんの愛と感謝を感じて湧き上がらせてください。

ご自身の人生ですからどのように生きられてももちろん自由です。誰にも操作される必要はありません。

私は魂を視る能力、ギフトを持って生まれてきたから、私は私の世界からの視点で、愛と感謝を持って、できる限りお伝えさせていただくだけです。

肉体を脱ぐ瞬間に満足できたら、心の中で穏やかな笑顔ができたら、人生ばんばいざいだと思っています。

如何なる自分も自分で認めて愛してください。

私自身、アラフィフと呼ばれる年齢になり、この間頬骨付近にシミがあるのを見つけました。そして守に、「見て。シミだわ」と言ったところです。白髪もチラホラあります。でも20代の頃の私より今この瞬間の私が私は一番好きです。生きているからシミだって白髪だってできるのです。頑張って生きてきた私が、そこにはいるのです。

整形を繰り返しても全然納得できずにまた整形を繰り返す方がいらっしゃいますよね。もちろん悪いことではありません。ですが自分で自分に納得がいかないからなのですよね。今の自分を自分で認められないからなのです。

このことからも承認欲求では満たされないことがわかります。

自分が自分を愛し認めない限り、永遠に枯渇状態です。年老いていく姿は、私は美しいとしか思いません。

その自分を見られるのも今生きているからでしかないから。こうじゃなきゃ、こんな仕事をしてなきゃ、こんくらい稼がなきゃ、こんな容姿にならなきゃ、痩せなきゃ。ありとあらゆる条件を付けている方がほとんどです。

目標を持って進むことは大切ですが、条件を付けてそこに満たない自分を否定するのは違うと思います。

自分を愛し認めていたら魂は輝きます。すると波動が変わります。他者からも輝いて見えるのです。

何故かわからないけれど魅力的な方っていますよね。まさにそんな感じです。根拠なんて必要ありません。ただ魅力的なだけなのです。どんな自分も美しいのです。

1日中寝ていても、心臓も内臓も全てが動いてくれています。アクティブに過ごした1日も、寝て過ごした1日も頑張って生きていることにはなんら違いはありません。

職業や、地位や名誉、外見は全てオプションに過ぎません。本質は魂です。愛です。それしかありません。オプションは姿形を変えます。時には失うこともあります。

ですが魂は、愛は、消えません。

どんな時も美しく輝く愛に溢れた魂でいると、本当に豊かでしかありません。繰り返しますが、私は今この瞬間の私が大好きです。色々なことを経験して今この瞬間の私が。

愛に溢れた自分だけの人生の映画を自分で作っていってください。もちろん自分の映画だから主人公はいつだって自分です。

他者と比べて自分に足りないものを数える人生から、必要なものは常に揃っている人生であることに気付くことができます。まさに「足るを知る」です。

全ては常に揃っています。自分と向き合ってください。

他者からは逃げることはできますが、自分からは逃げることはできません。だから自分としっかり向き合ってください。常に視点を合わせて、毎日が奇跡の連続であると気付いてください。今現在の自分がいかに美しいかしっかり見てください。

生きていく中で、自分自身の愛が誰かに対して深く沸くことはそんなに多くありません、真髄の愛は。

だから心から愛する人を、
愛の循環ができる方のことを、
本当に大切になさってください。
出会えた奇跡。愛が循環できる奇跡。
相手が生きていてくれる奇跡。
自分が生きている奇跡。

全ての奇跡に感謝してください。
そのことでまた循環が起きます。
心からの愛と感謝を込めて。

## あとがき

今回このように書かせていただいたことは、本当に深い感謝しかありません。

私が〝私を生きる〟と覚悟ができたから、決めたから、そして守と出会えたから、全ての必然という奇跡の下に成し得たことなのです。

なんだって一人の力ではありません。どんなことだって必ず誰かの支えがあり、愛があるのです。感謝はどんどん積み重ねていってください。自分の徳となり、自信に繋がります。そして豊かさになりますから。

必ず終わりが来る肉体です。大切な時間をどうか少しでも愛と感謝に満たされた豊かな時にしてください。誰もあなたの代わりにはなれません。

唯一無二の愛しいあなた自身を豊かに生きてください。

あなた様の貴重なお時間を使っていただき、私の文章を読んでくださったことに心から感謝申し上げます。

本当にありがとうございます。

あなた様の人生が、魂が、あなた様自身の愛によって、より豊かに輝かれることを心からお祈り申し上げます。

ご縁をくださって、本当にありがとうございました。

心からの愛と感謝を込めて。

亜美

### 著者プロフィール

## 桜 亜美（さくら あみ）

「魂が視える」「全ての波動が視える」という世界で一人しか持てないというギフトを受け取りこの世に生まれる。

様々な苦しみの中、2回の結婚・離婚を通し沢山の学びを得て3回目の結婚でやっと自分を生きる覚悟と、このギフトを活かして生きる覚悟ができる。

魂は本質。様々な葛藤、苦しみがある中、誰もが頑張って生きている。魂は何を望み今を生きているのか。そのヒントになれればと思い、本書を出版。

## 愛と感謝

2024年3月15日　初版第1刷発行

著　者　桜 亜美
発行者　瓜谷 綱延
発行所　株式会社文芸社
〒160-0022　東京都新宿区新宿1－10－1
電話　03-5369-3060（代表）
03-5369-2299（販売）

印刷所　株式会社エーヴィスシステムズ


ISBN978-4-286-25156-1